# 바람이 불었다

톈허 시집

한성례 옮김

# 바람이 불었다

톈허 시집 田禾 詩集
한성례 옮김

톈허(田禾)

1964년 중국 후베이 성(湖北省) 다예 시(大冶市) 출생. 1982년부터 시 창작을 시작하여 『고향을 부르다』(2006년), 『들판의 해바라기』(2008년), 『집에 가는 길』(2011년) 등 11권의 시집이 있다.

제4회 루쉰문학상(魯迅文學賞), 제3회 화원청년시인상(華文靑年詩人賞), 제1회 쉬즈모시가상(徐志摩詩歌賞), 스웨시가상(十月詩歌賞), 후베이문학상(湖北文學賞), 굴원문학상(屈原文學賞) 등 30여 개의 시문학상을 수상했다.

중국 국내의 200권이 넘는 주요 시선집에 작품이 수록되었고, 인민교육출판사, 북경사범대학 출판부 등에서 출간되는 5종류의 대학교 국어 교재에 채택되었다. 또한 세계 여러 나라 언어로 번역, 소개되었다.

중국을 대표하는 최고 시인 중 한 사람이며, 중국작가협회 대표단, 후베이 성 작가협회 대표단의 일원으로서 세계 여러 나라의 시 행사에 초청을 받는 등 세계무대에서도 활약하고 있다.

현재 중국작가협회 회원, 후베이 성 작가협회 총위원회 위원으로 활동하고 있다.

# 차 례

톈허 약력

갈대늪 ——— 14
우리 유모 ——— 16
돌을 그리다 ——— 18
비를 긋는 풍경 ——— 20
고향을 부르다 ——— 22
석양 ——— 24
질그릇 ——— 25
휘어진 가지 ——— 26
미친 여자 ——— 27
넷째 할머니가 돌아가셨다 ——— 28
객지에 돈 벌러 온 노동자 식당을 지나가다 ——— 30
기차가 마을을 통과한다 ——— 31
거침없이 ——— 32
여름 밭 한구석의 항아리 ——— 33
바람이 불었다 ——— 34
볍씨 한 톨 ——— 36
유채꽃 ——— 37

살구꽃 ——— 38
탄광 사고 ——— 40
텃밭 ——— 42
땅 ——— 44

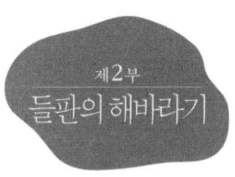
제2부
들판의 해바라기

산에 오르다 ——— 46
내년 ——— 48
송강 ——— 50
중년 농부 ——— 52
개 짖는 마을 ——— 53
춘삼월 ——— 54
복원 ——— 56
고난 ——— 58
아침밥을 사러 나온 객지에 돈 벌러 온 노동자 ——— 59
아담한 집을 갖고 싶다 ——— 60
조각배를 타다 ——— 62
헤이투 ——— 63
채광기와 두 장 ——— 64
어느 작은 마을의 오래된 거리 ——— 65

## 제3부 집에 가는 길

유수(流水) ──── 72
포도덩굴시렁 아래 ──── 74
집에 가자 ──── 75
형제의 분가 ──── 76
물고기 양식 ──── 78
오늘밤에 뜬 달 ──── 80
사촌누이 뤄튀핑 ──── 82
오후 ──── 84
오지그릇 ──── 85
여러 마을을 다녀왔다 ──── 86
장작 패는 큰형 ──── 88
고구마 캐는 노인 ──── 90
그때 나는 아직 어렸다 ──── 92
장한평원 ──── 94
아궁이 ──── 96
황학루에 오르다 ──── 98
초원의 밤 ──── 100
나무 심기 ──── 102
바다 위의 어화 ──── 103
복숭아꽃 마을 ──── 104
가오핑의 마을에 머물다 ──── 106

종 ——— 108
해바라기 ——— 110
길을 쓰는 레이오프 여성 노동자 ——— 111
집에 가는 길 ——— 112
석탄장수 노인 ——— 114
맞은편 공사현장의 피리소리 ——— 115
절름발이 추 씨 ——— 116
선농타이의 안개 ——— 118
벼랑가 오두막집 ——— 120
옷 짓는 할머니 ——— 122
선녀산 초원 ——— 124


텐허의 시세계

전환기의 메아리 ——— 127
뿌리를 내리고 잎을 무성케 하는 시인, 텐허 ——— 131
고향을 부르다, 마음속 희로애락을 외치다 ——— 137

출전일람 152

옮긴이의 말 154

# 바람이 불었다

텐허 시집

한성례 옮김

● 이 시집에서 인명과 지명 등 고유명사는 중국어 표기법에 맞춰 표기했고, 우리말 한자음이 표준어로 등록되어 있는 고유명사에 한해서 이를 따랐음을 밝혀둔다.

● 각주는 저자의 주와 옮긴이의 주가 있는데, 저자의 주는 '저자 주'라고 표기하였다.

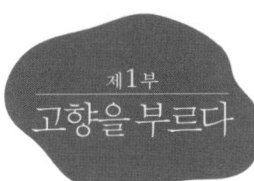

제1부
고향을 부르다

## 갈대늪

홍촌[1] 늪에 다가가면 오리 울음소리가 들린다
갈대는 일렁이는 호수 속에서 시나브로 하얗게 센다
이삭은 물속 바닥에 모습을 비추이며 반짝이고
꽃은 새털처럼 허공을 노닌다

갈대늪에 가면 물이 유일한 길이다
배를 타고 들어가 파도를 딛고 건넌다
작은 나무배에 걸터앉으면 파도 위에 앉은 듯하다
물은 흘러도 호숫가 둔덕은 흐르지 않는다 파도는 바람에 휩쓸려

내 눈 속으로 한 겹 한 겹 부서져 들어온다 배가 굽이치고
다시 굽이쳐 흘러가면 늪의 장관도 몇 갈래로 갈라져
갈림길이 된다 열여덟 굽이 산길은 본 적 있는데
이번에는 열여덟 굽이 물길을 보는구나

양쪽 여울에 난 갈대는 내 고향 가난한 친척 그리고
근심과 괴로움의 피를 나눈 형제와 처지가 비슷하다

---

[1] 홍촌(洪川) : 중국 안후이 성(安徽省) 황산(黃山) 옆에 위치한 지명.

비쩍 말라 비실대는 몸뚱어리는 바람을 견디지 못하고
조금만 바람이 불어도 금세 흔들리고 금세 휘어진다

늪 한가운데 있는 섬에서 오래 산 갈대에게는 땜 자국만 한
조국이 있을 뿐이다 세상은 진작 그 녀석을 잊었다
그 섬의 매끈하게 벗겨진 나뭇가지에
저녁 해가 걸리면 억지로 국기를 게양해 놓은 듯 보인다

## 우리 유모

숙모, 아버지의 남동생의 아내는 40년 전
장산우춘¹⁾ 마을에서 내 유모였다

내게는 젖을 물리고 당신은 생산대²⁾에서 나눠준 고구마와
냇가에서 캔 푸성귀를 먹었다

때가 타고 해진 앞치마 끈을 질끈 동여매고
마당에서 장작을 패고 쌀을 씻고 닭 모이를 주었다

무릎을 꿇고 고개를 숙이고 아궁이 앞에 쭈그려 앉아 재를 쳤다
허리를 구부리고 강에 물을 길러 갔다

어둠 속에서 내 더러워진 바지를 빨아 주고
흙벽에 기대어 딸의 머리를 빗겨주었다

---

1) 장산우춘의 원어 : 張山吳村.
2) 생산대(生産隊) : 과거 중국에 존재한 사회주의 경제 조직인 인민공사(人民公社)의 최소 단위 조직. 일반적으로 20~30호 규모로 이루어졌다. 10여 개의 생산대가 생산대대(生産大隊)를 이루고 8~10개의 생산대대가 인민공사를 이룬다.

집에는 다른 피붙이도 없어서 옥수수는
마치 문 앞에 선 가난한 자매 같았다

때때로 쌀독에는 쌀이 한 톨도 남아 있지 않았다
때때로 고난은 눈에서 흘러나왔다

## 돌을 그리다

바람은 나이가 들었다 돌은 더 나이가 들었다 큰 강은 말라붙어 바닥을 드러내고
강가에 드러난 검은 돌은 반쯤 벌거벗고 누워
그곳에서 비바람을 맞고 있다 수없이 많은 세기가 지났을지도 모른다
어느 화가가 그 돌을 옮겨와 백지 위에 놓고
돌이 백지를 누르고 있는 듯이 그려보겠노라고
돌이 과거에 강바닥의 하늘을 평정하고 있었듯이 그려보겠노라고
주저 없이 말했건만 웬일인지 화가는 절묘한 붓놀림으로
한 줄기 강을 그렸다
물가에 홀로 큰 물결 속으로 가만히 낚싯줄을 드리운 강태공을 그리고
돌은 봄바람 속을 굴러다니도록 그려 놓았다
나는 사랑하는 사람과 함께 그 돌에 걸터앉아 조국이며 인생이며
사랑을 이야기하려 수도 없이 시도했으나 번번이 허탕만 쳤다
종이에 그려진 바람의 움직임이 보이고 바람 부는 모습이 보인다던
그림이 아니었다

말발굽 자국에 날아드는 꿀벌들을 그리면 그림의 경지가 오롯이 드러난다던
　그림도 아니었다

## 비를 긋는 풍경

비가 온다 개미 몇 마리가 잽싸게
길가 풀숲으로 숨었다 큰길에서는 어떤 이가
뛰어가다 그만 신발이 벗겨지고 바람이 불어와
농부들의 밀짚모자가 몇 개나 날아간다
저쪽 논두렁에서는 어떤 이가 두 손으로 머리를 가리고
비를 피해 달음질한다
어떤 이는 시들어 빠진 연잎을 머리에 얹고
어떤 이는 헌 신문을 머리에 뒤집어썼다 나이 지긋한
걸인은 감색 무늬가 새겨진 이 빠진 밥그릇을
머리에 뒤집어썼다 학교를 마친 아이는
행여 교과서가 젖을세라 가방을
옆구리에 끼었고 모자를 쓰지 않은 머리만 젖는다
굵은 빗방울은 너절한 솜옷에도
내리고 고급 더스터 코트1)에도 내린다
사람들은 비를 피해 하나둘씩
도로 공사용 임시가옥으로 뛰어든다
 지나가던 사람, 농사일하던 사람, 서류가방을 겨드랑이에 낀 사람

---

1) 더스터 코트(duster coat) : 먼지를 막고자 입는 코트.

안경잡이, 걸인, 다리가 불편한 사람, 가난뱅이, 부자
그들로 들어찬 임시 가옥은 금방이라도 터질 듯하다
그중 두 사람은 몸의 절반만 간신히 비집고 들어선다
내 사촌누이는 젖은 머리가 다른 이의 옷을
적실까봐 내내 머리를 움직이지 않는다
저 멀리 나뭇가지에 날개 젖은 참새가 웅크리고 앉아
비를 긋는 모두를 보고 있다
빗줄기가 산속 임시가옥에
이토록 많은 생면부지의 사람들을 모이게 했다
모두 서로에게 고개를 끄덕여 인사하고 미소를 지으며 마치 임시 가족이라도 된 듯
눈으로 말을 주고받았다

## 고향을 부르다

사람들은 고향을 노래하건만 나는 노래를 못하고
글은 쓸 줄 알지만 잘 쓰지 못하기에 그저 소리쳐 부른다
내 고향을 부른다
내 고향은 강남1)에 있어
나는 강남을 향해 소리쳐 부른다
마음으로 부르고 펜으로 부르고 쉰 목으로 부른다
목 놓아 부르고 눈물을 글썽이며 피를 토할 때까지 그저 불러젖힌다
그래야만 고향이 내 떨리는 목소리를 들을 수 있다

태양이 뜨면 태양을 향해 부르리
달이 뜨면 달을 향해 부르리

산과 강을 불러올 수만 있다면
마을을 불러올 수 있다 분명 그럴 것이다
비탈진 풀밭, 소와 양, 들판과 채마밭이 보이면
더 크게 외치리 바람이 불어와도 멈추지 않으리
더 높은 곳에 올라 소리쳐 부르리

---

1) 강남(江南) : 중국 양쯔강(揚子江) 이남 지역.

흐르는 물, 작물, 아궁이의 연기 그리고 애정
모두 내 영원한 메아리가 되어다오

# 석양

석양이 황톳빛 산등성이의 가장 높은 지붕으로 떨어진다
보고 있자니 바람 부는 대로 굴러 떨어질 듯하다
그것이 어제 수유나무의

마른 가지에 걸렸는데
옆집 자오 할머니[1]가 꺾어다가
해 질 녘 부뚜막 아궁이에 쑤셔 넣었다

석양이 서쪽 산골짜기로 저물었다 어쩌면
거지의 법랑 밥그릇에 떨어져
구걸을 그만두게 할지도 모른다

어쩌면 아마득한 저편 마을의
하필이면 웅덩이에 떨어져 자칫하면 검정개의 포획물로
바뀔지도 모른다

---

[1] 자오 할머니의 원어 : 趙.

## 질그릇


농부는 밥이 수북이 담긴 질그릇을
양손에 받쳐 들고 있다
생명은 한 그릇의 쌀밥과 함께
이어져 왔다

질그릇에 쌀밥이 담기지 않으면
밥을 먹는 사람은
이제 영원히 밥을 먹지 못한다
질그릇이 엎어지면
그것은 농부의
무덤으로 변해 버린다

## 휘어진 가지

바람에 쓸려 휘어지고 우박에 맞아 휘어지고 새 둥지의
무게에 휘어졌다 아래로 휘어져 있다
주위는 온통 황무지인데 가지 하나만이
벌거벗은 채 아래로 휘어져 있다

하잘것없는 가느다란 가지라도
할머니에게는 좋은 지팡이
어머니는 그것을 쪼개어 땔감으로 쓴다
어린 남동생은 그것으로 새총을 만든다
먼저 달을 쏘아 떨어뜨리고 그 다음 강도를 쏘아 잡는다
농부인 우리 아버지는 그것을 곧게 펴서
길가의 공터에 심겠다고
내년 봄에는 되살리겠다고
싹을 틔우겠다고 늘 다짐한다

## 미친 여자

그 여자는 지저분하고 너덜너덜한 검정 솜옷을 몸에 걸치고
길거리를 죄인처럼 쫓겨 다녔다
뒤에서 사람들이 돌멩이며 낡고 더러운 구두를
집어던졌다 그녀는 돌아보고는 히죽거리며
시커먼 이를 드러냈다
쓰레기가 가득 쌓인 양동이로 다가가
뒤집어엎어놓고 들쑤시더니
채소 이파리가 든 쓰레기봉투를 끄집어내어 던져버리고
빨갛게 피가 스민 생리대를 끄집어내어 던져버리고
무늬가 들어간 이 빠진 조그만 밥그릇을 품에 쑤셔 넣었다
남자가 쓰고 버린 콘돔을 보고 히죽거리며
한쪽이 썩은 빨간 사과를 입에 욱여넣었는데
그때 허리에 동여맨 끈이 스르르 풀어지며
가슴께 속살이 훤히 드러났다
그녀는 미친 여자였다
모두의 눈앞에는 진실의 유방이 매달려 있었다

## 넷째 할머니가 돌아가셨다

고향마을에 살던 넷째 할머니가 돌아가셨다고 동생이 편지로 알려왔다
죽은 고양이로 나를 혼비백산하게 만든 그 할머니
내 밥그릇 밑에 비계 두 조각을 숨겨 주던 그 할머니
할머니는 분명 여든일곱 살이었다
장산우춘 마을에서 가장 연로한 여인이었다
집에는 검은색 페인트를 칠한 나무 사다리가 있었는데
그녀는 자주 중이층[1] 자신의 좁은 방에 기어올라 쌀을 튀겨 만든
달고나 과자를 사발에 담아 두 손으로 내게 내밀었다
나는 몰래 그 방에 기어오르곤 했지만
결코 방문 앞에 놓인 초승달 과자를 집어먹은 적은 없다
그 후 그 집의 병아리를 밟아 죽이는 바람에
그때부터는 더 이상 갈 수 없었다
몇 년 후 나는 멀리 타지로 떠나
두 번 다시 할머니를 만나지 못했다
동생이 쓴 편지에는 할머니가 내내 괴로운 나날을 보냈다고 쓰여 있었다

---

[1] 중이층(中二層) : 보통의 2층보다는 낮고 단층보다는 조금 높게 지은 2층.

하나뿐인 아들이 위암으로 죽은 뒤 할머니는 매일
대문 앞 의자에 앉아
애처로운 목소리로 아들의 이름을 불렀다고 한다
편지를 거기까지 읽자 어느새 눈물이 맺히고
마음이 자꾸만 아파온다 동생은 이렇게 썼다
눈이 내리던 날 어두운 밤이 복면을 쓴 저승사자처럼 할머
니를
데려갔다고 그 한 생애의 비참함, 쓰라림, 절망감
그에 걸맞듯 초라한 관에
반 자른 무명천을 덮어 그녀를 묻었다고

## 객지에 돈 벌러 온 노동자 식당을 지나가다

식당 뒤쪽은 원래 공터였지만 지금은
바스러진 석탄 찌꺼기가 산을 이루고 있다
객지에 돈 벌러 온 약간 지저분한 노동자 곁을 지나간다
그들의 몸 구석구석에
석회수 튄 자국, 누런 진흙과 페인트가 묻어 있다
그들은 쭈그리고 앉아 큰 질그릇 사발을 양손으로 잡고 밥을 먹고 있다
어떤 이들은 편하게
주위에 있는 벽돌, 낡은 철근이나 콘크리트 판에 걸터앉아 있다
큰 소리로 이야기하는 살집 좋고 덩치 큰 남자(행색을 보아하니 현장감독 같다)
그는 밥을 먹으면서 곁에 있는 젊은 노동자들을
나무라고 있다 그중 한 명은
눈길을 감독에게 향한 채 젓가락으로는 감자를
잡고 오랫동안 우두커니 멈춰 있다 그의 밥그릇에는
장아찌와 무 그리고
두 조각 설익은 빨간 피망이 들어 있다

## 기차가 마을을 통과한다

기차가 통과할 때
우모 마을1)은 아직 한밤중이다 야경꾼 대신 기차가
기적을 울리며 지나가면
밤은 안전한 시간대로 접어든다
기적은 메아리를 길게 늘이며
밤의 전반부를 싹둑 잘라 내지만
후반부는 아직 달빛에 싸여 있다
그 역은 황스 역2)과 우창 역3) 사이에
찍힌 쉼표다 기차는 십 분간 정차한다
남방4)으로 돈 벌러 가는 친척집 아홉째 딸아이가
마지막 일 분에 몸을 실으면
기차는 외마디 새된 소리를 지르며 남쪽으로 출발한다
남으로 남으로 오직 남으로
가는 길에 직선을 달리고 커브를 돌고
터널을 몇 개나 빠져나가고 몇 번이나 역에 멈춰 선다
두 줄기 레일이 기차의 무게를 고스란히 떠받친다

---

1) 우모 마을의 원어 : 五磨.
2) 황스 역의 원어 : 黃石.
3) 우창 역의 원어 : 武昌.
4) 남방(南方) : 중국의 창강(長江) 유역과 그 남쪽 지역.

## 거침없이


　마을은 거침없이 한 부락에 이르고 부락은 거침없이 한 집에 이르고
　집은 거침없이 돌을 쌓아 지은 자그마한 움막에 이르고
　작은 움막은 거침없이 밀짚으로 엮은 대문에 이르고
　가족은 거침없이 한 사람에게, 항아리에, 젓가락에, 사발에 물 나르는 당나귀에게 이르고
　겨우 한 사람이 누워 잘 수 있는 침대에 이른다
　생활은 거침없이 하루 두 끼, 한 끼는 무절이 한 접시
　감자조림과 조촐한 세 잔의 술에 이른다
　언어는 거침없이 다른 사람을 빙긋 웃게 만드는 데 이른다
　까만 솜을 넣은 회색 바지 그리고 오래 신어 낡은 헝겊신이
　새까매진 발을 감싸고 있다
　신원(身元)은 거침없이 성씨에 이른다 냄비와 사발은
　거침없이 사흘에 한 번 씻는 지경에 이른다
　발, 손, 몸은 거침없이 반년에 한 번 씻는 지경에 이른다
　그것은 거침없이 더 이상 간략화하지 못할 지경에 이르고
　거침없이 거의 의지할 데 없는 처지에 이른다 그것은 허무와도 같다

## 여름 밭 한구석의 항아리

옹기 항아리 그것은 오래된 우물을 닮았다
고향의 맑은 물을 찰랑찰랑 채우고 있다

그것은 마을에서 가장 작은 우물
고향 사람들 중 가장 커다란 입술이 그것을 닮았다

그것은 내 큰아버지를 닮아 고지식하게
밭 한구석에 털썩 주저앉아 있다

항아리의 물은 괭이로 밭을 갈고 풀을 베는 사람이 모두 들이켠다
아니 그보다 햇볕에 증발해 버린다는 편이 맞다

마음을 적신다기보다
보리밭에 자라는 보리의 생명을 구한다고 하는 편이 맞다

## 바람이 불었다

바람이 불었다 마을 동쪽 변두리의
목이 뒤틀린 그 나무는
바람을 맞아 더욱 뒤틀렸다 그 바람이
얼마나 먼 길을 지나
얼마나 많은 모퉁이를 돌아
그곳에 이르렀는지는 알 수 없다

논에서 자라는 벼이삭은
바람에 일렁이다 한쪽으로 드러눕고
논두렁에 선 아버지는
호주머니가 바람에 불룩하니 부풀어 있다

마을을 나는 새들은
바람이 부는 만큼 뒤로 물러난다
마을의 물을 나르는 당나귀는
바람에 맞서 나아간다 당나귀가 지나갔다
가는 길에 바람은 점점 세차게 먼지를 일으키고
소용돌이치며 날카롭게 절규한다

바람은 불었으나 단 하나

하늘에 걸린 달은 떨어지지 않았다
내가 마을로 돌아오자
누렁이 한 마리가 달려와
내 곁에 찰싹 달라붙는다 그때
나는 본다 문간의 밤이 바람에 날려
가을보다도 매정해지는 것을

## 볍씨 한 톨

볍씨 한 톨, 자그마한 볍씨를 위해
농부는 마지막까지 혼신의 힘을 다한다

볍씨 한 톨, 땅에 뿌리면 한 알의 종자다
탈곡해서 푹 익히면 이제 밥이라 한다

볍씨 한 톨, 농부는 그것을 생명의 뿌리라 한다
 황제는 백성의 양식과 말의 사료라 하고 총리는 식량이라
한다

볍씨 한 톨, 나는 그것을 땀 혹은 고난이라 한다
다시 말해 그것은 하나의 삶이다

## 유채꽃

파도처럼 물결치는 유채꽃이
마을의 산비탈을 타고 흘러내려온다
초등학생 몇 녀석도
유채꽃을 뒤쫓아 달리고 또 달린다
어제는 드문드문 한두 송이 보이는 게 다이더니
하룻밤 새 그것들은 봉우리를 따라 넘쳐흘러
산과 들로 빼곡하게 퍼져갔다
들판을 메운 청아한 유채꽃이여
나는 그 한복판에 서서 입을 크게 벌리고 호흡한다

## 살구꽃

살구꽃아! 부르면 너는 내게 다가온다
네가 즐겨 부르는 노래를 부르며
다가온다

살구꽃, 가난한 집 딸은
시골 논두렁길에
자라난 고단한 방가지똥풀
더 고단한 운명에 놓일지라도 담박한
아름다운 꽃을 피우고 싶다

살구꽃, 노래 속의 살구꽃, 시 속의 살구꽃은
집에서는 어머니의 빨래방망이고
밭에서는 아버지의 낫이며
무미건조하게 사는 마을 사람들의
묘미이자
산골 마을의
황소라고 불리는 총각의
가슴속
아픔이다

살구꽃, 사람들은 모두 말한다
너는 이 산에서 제일 아름다운 꽃
살구꽃아 너는 언제
피느냐 아무도 모르게 피었더라도
애야 살짝 알려주렴

# 탄광 사고[1]

폭발한 가스, 황토, 석탄, 돌멩이, 분진
그리고 날아오른 풀이파리 더미
10만의 어둠과 10만의 울부짖음
허난,[2] 쓰촨[3] 그리고 장시[4]에서 온 광부 213명이
3천 미터 깊이의 캄캄한 갱도 밑에 묻히고 말았다
아침까지 피를 토하는 이가 여럿이었다
어제야 병원에서 나온 이가 두 사람 있었다 그들 대부분은
1년 동안 집에 가지 못했다
먹은 거라곤 이른 아침에 만터우[5] 두 개와 죽 한 그릇뿐
호주머니에는 막 받아 챙긴 급여가 들어 있다

---

[1] 탄광 사고 : 2005년 2월 14일 중국 랴오닝 성(遼寧省) 푸신 현(阜新縣) 쑨자완(孫家灣) 탄광에서 발생한 사고. 갱내에 찬 가스가 폭발해 갱도가 붕괴하면서 광부 25명이 즉사하고 갱내에 갇힌 194명 중 거의 전원이 사망하였다. 탄광 사고가 빈번한 중국에서도 최악의 탄광 사고로 꼽힌다.
[2] 허난 : 허난 성(河南省). 중국 중앙부에 위치한다. 현재 중국에서 인구가 가장 많은 성이다. 다수의 도가·법가 사상가를 배출하고 뤄양(洛陽), 카이펑(開封) 등 역대 왕조의 도읍지가 자리 잡았던 중국 역사의 중심지이다.
[3] 쓰촨 : 쓰촨 성(四川省). 중국 서부 내륙지방에 위치한다. 중국의 농업 기반지 중 하나이며 광물 자원이 풍부하다. 유비(劉備, 161~223)가 촉한(蜀漢)을 세운 지역이기도 하다.
[4] 장시 : 장시 성(江西省). 중국 중남부 창강 남쪽에 위치한다. 쌀, 유채, 목화 농사가 주요 산업이며 중국 내에서도 희토류 금속 매장량이 많은 곳이다. 남부 산간 지대는 마오쩌둥(毛澤東, 1893~1976)의 혁명 근거지였다.
[5] 만터우(饅頭) : 속을 넣지 않은 중국식 찐빵. 중국 삼국시대부터 둥베이(東北) 지방 사람들이 많이 먹는 주식이었다.

집으로 보내고 싶어도 때가 늦었다
그들은 지금 깊은 갱도 아래 묻혀 있다
광부 213명 그들에겐 이제 아무런 지위도 없다
그들은 고작 땅을 파던 사람들이다
사라진 213개의 칸델라[6]다
눈앞에 벌어진 탄광 사고, 한 번의 사고 3만 위안
1억 년 후의 석탄

---

[6] 칸델라(kandelaar) : 휴대용 석유등을 가리키는 네덜란드어.

# 텃밭

아버지는 한 포기 배추처럼 하찮은 존재였다
때로는 서리 맞은 가지처럼 지쳐 있었다
내가 가장 또렷이 기억하는 부분은
아버지가 텃밭에서 일할 때
늘 엉덩이 부분에서 몸을 구부리고 있었다는 사실이다

텃밭 옆을 흐르는 개울은
물이 지나는 길, 물은 낮은 데로 흐르다가
모퉁이를 만나면 굽어 흐르고 웅덩이가 있으면 가득 메운다
아버지는 쉴 새 없이 텃밭에서 잡초를 뽑고
개울에서 물을 끌어 밭에 댔다

호박꽃은 아버지가 흩뿌리는 물방울 아래서
연달아 가느다랗게 흔들렸다
어느새 작고 하얀 꽃을 피운 까치콩은 길어지고
호박은 커지고
사계절 동안
파란 부추는 한 무[1] 또 한 무 늘어났다

---

[1] 무(畝) : 토지 면적을 나타내는 중국 재래식 단위. 1무는 666.7㎡로서 약 200평에 해당한다.

나는 몇 번인가 아버지를 따라 텃밭에 갔다
이따금 밭고랑에 엎드려 잠이 들었다
아버지가 나를 깨울 때면
시간은 이미 해 질 녘에 가까웠고
아버지는 잡초를 다 뽑은 뒤 다시 피망과
오이에 물을 주었다
나는 아버지를 따라 저녁놀 아래를 걸어 집으로 돌아왔다
아버지의 밀짚모자에는 방금 딴 까치콩이 가지런히 담겨 있었다

# 땅

땅을 파던 어머니는 조금 추우신 듯 보였다
강풍이 어머니의 머리칼을 흐트러뜨리자 손발의
움직임이 조금 둔해졌다 손에 쥔 삽은
손잡이가 점점 짧아졌다
낡고 찌그러진 삽을 대장간에서 몇 번이나
새로 폈다 그 쇠붙이가 자꾸만 어머니에게로 돌아와
땅의 아픔을 캐내고 있다

우리 집의 그 땅은
폭신하고 부드러우며 비옥하다
해마다 대두를 커다란 소쿠리로 두 바구니
수수를 네 말이나 거둘 수 있다

역시 학식 있는 무 씨[1]와 둘째 할아버지가 말한 대로다
땅을 제대로 장악하면
국가를 장악한 것보다 든든하다고

---

[1] 무 씨의 원어 : 木.

## 제2부 들판의 해바라기

## 산에 오르다



고향에서는 동틀 녘에 산에 오른다 나는 아무리 애를 써도
흩날리는 꽃잎과 풀잎 끝의 바람을 따라잡지 못한다

산에는 동굴, 봉우리들, 계류가 있고 깎아지른 듯한 절벽을
기어 올라갈 때면 나도 따라 험준해진다

이 산머리에서 저 산머리로 오르면 구름 한 조각이
따라오니 나는 푸른 대나무보다도 모자 하나만큼 더 높아진다

낭떠러지 끝에는 폭포가 걸렸고 고목은 활처럼 휘었다
태양이 떠오르자 산등성이는 순식간에 연홍빛으로 물든다

산길은 제 스스로 굽어 제 스스로 비탈길을 오른다 일찍이
조상들은 말을 타고 당나귀를 타고 그곳을 지났다

길가에 난 풀은 온통 푸른빛으로 바람에 너울거린다
어차피 낫에 베이거나 소나 양에게 뜯어 먹힐 테지

바람은 낮은 데로 불며 골짜기를 채우고 계곡을 채워간다
바람은 사람이 가지 못하는 곳에도 가보았다

더 높이 오르니 휘청거리는 산이 내 위로 엎어질 것만 같다
'하지만 나는 힘을 내야 한다 그래야만 받쳐 줄 수 있다'[1]

---

[1] 하지만 나는 힘을 내야 한다 그래야만 받쳐 줄 수 있다 : 쿵거젠(空格鍵)의 시 「내 이상 속 거처」에서 인용.(저자 주)

# 내년

오늘은 올해의 마지막 하루

내일은 내년

올해 나는 비교적 평범했다

아마 내년에도 다를 바 없겠지

내년에도 변함없이

분주한 사람들 사이를 누비며

몇 사람과 친구가 되고 몇 사람과 헤어질 테지

사람을 사귀면서 조금은 도움을 받고

조금은 험한 꼴도 보겠지 살아가는 동안에

부자 가난뱅이 비렁뱅이 미치광이와 마주치겠지

부자와 미치광이는 모두 피해가야지

가난뱅이는 부모라 여기고 비렁뱅이에게는 자비를 베풀어야지

지금껏 그래왔듯이 때가 되면 고향에 돌아가

산길을 더듬어 가서 청명절1)에는 부모님을 위해 성묘해야지

나고 자란 집에 잠시 머물며 똥을 주워 모으는

다섯째 삼촌을 따라 마을을 끝에서 끝까지 돌아봐야지

내년에도 변함없이 오래된 거리에 살며

---

1) 청명절(淸明節) : 예로부터 중국에서는 24절기 중 5번째인 청명이 4대 명절 중 하나다. 이 시기에 날씨가 좋으면 그해 농사가 잘 된다고 믿었다.

외출은 웬만하면 하지 않고
썩은 이는 짬을 내어 빼러 가야지
내년에도 위장병과 협심증은 낫지도 심해지지도 않고
경솔한 마음과는 계속해서 맞서리라
하지만 창밖에 눈이 내리면 당장 그만두어야지
더 이상 글을 써서 내년의 하얀 대지에
검은 점 하나를 더하는 일은

# 송강1)


늦었소 하지만 나는 당신의 백아홉 명째 형제로 들어왔소

형님들은 이제 없다지

모두 집에 돌아갔다지 푸주한은 도축을 하고

어부는 고기를 잡고 술꾼은 술을 마시고

본래의 익숙한 일상으로 돌아갔다지

몇 사람은 양산박2)의 깃발이 되고

어떤 이는 높은 자리에 앉기도 했지만

나는 마음속 산천이 누더기가 되고서야

『수호지』3) 속을 지나 혈로를 뚫고

곧장 당신만 믿고 왔소

사백 킬로미터의 호수와 늪, 양산

불씨는 지금도 흙항아리에 묻혀 있소

충의당4)에는 여전히 흙먼지가 쌓여 있소

---

1) 송강(宋江) : 중국의 구어체 소설 『수호지』의 주인공. 송강은 실제 인물이며, 1121년 회남(淮南)에서 농민반란을 일으켜 36명의 부하를 이끌고 한때 상당한 기세를 올렸으나 결국 항복한 사실이 『송사(宋史)』에 기록되어 있다.
2) 양산박(梁山泊) : 중국 산동 성(山東省)에 있는 지명.
3) 수호지(水滸誌) : 중국 명대(明代)의 장편 무협소설. 양산박에서 봉기했던 송강 등 호걸들의 실화를 각색한 작품이다. 시내암(施耐庵, 1296?~1372)이 쓰고, 나관중(羅貫中, 1330?~1400)이 다듬어 정리했다. 원제는 『수호전(水滸傳)』이나 한국에서는 『수호지』로 널리 알려져 있다.
4) 충의당(忠義堂) : 양산박 한가운데에 위치한 본당. 양산박 집단의 두령으

나는 그것을 새로이 정돈하고 수리하리다
　당신은 영원히 내 큰형님
　당신을 충직히 따르리다
　술이 있으면 마시고 약자를 보면 돕고 위기를 만나면 구하고
완고하고 고루한 사람과는 맞서 싸우리
　당신을 따르노라면
　물결마루를 달리는 것도 칼날 위를 걷는 것도 두렵지 않으리

　로 취임한 송강은 '충(忠)'을 강조하여 새로운 행동강령으로 내세웠다. 취임 직후 취의당(聚義堂)의 현판을 충의당(忠義堂)으로 바꾸고 '하늘을 대신해 도를 행하고 나라를 도우며 백성을 편안히 한다'는 깃발을 내걸었다.

## 중년 농부

　중년 농부 마흔다섯 살 어느새 머리가 허옇게 세고 등이 굽었어도
　벼를 실은 나룻배처럼 좋든 싫든 힘을 내야 한다

　그래야 겨우겨우 나아갈 수 있다 그의 몸은 오래 입어 해진 비옷처럼
　들이치는 비바람을 사정없이 맞고 있다

　뼛속까지 파고든 물은 점점 불어나서 몇 년이 지나자 류머티즘이 되고
　뼛속에 박혀 빼내지도 못할 쇠바늘이 되어 온몸을 쿡쿡 찌르며 그를 괴롭힌다

　물가에서는 연밥을 따고 연뿌리를 캔다 그는 물로 만든 거울이고
　물은 하늘로 만든 거울이다 갈대늪은 한없이 깊어서 푸른 하늘을 익사시킨다

# 개 짖는 마을

내가 고향에 갈 때마다 지나치는 그 마을에는 네 가구가 산다
나는 가계도를 읽어 내리듯이 집주인들의 이름을 댈 수 있다
황수이성,[1] 주시바오,[2] 류진순[3], 천리추[4]
네 가구 주민들은 성씨도 네 개, 서로 다른 땅에서 이주해 왔다
집집마다 여러 마리의 개를 키운다. 그래서 나는 개 짖는 마을이라 이름을 지었다

외지 사람이 올 적마다 네 집의 개들은 일제히 짖어댄다
네 집의 안주인들은 일제히 목을 빼고 대문 밖을 살핀다
그녀들은 양짜오즈,[5] 장추이화,[6] 왕샤오란,[7] 저우메이쥐안[8]

---

[1] 황수이성의 원어 : 黃水生.
[2] 주시바오의 원어 : 朱細宝.
[3] 류진순의 원어 : 劉金順.
[4] 천리추의 원어 : 陳立秋.
[5] 양짜오즈의 원어 : 楊早枝.
[6] 장추이화의 원어 : 張翠花.
[7] 왕샤오란의 원어 : 王小蘭.
[8] 저우메이쥐안의 원어 : 周美娟.

## 춘삼월

3월, 불어오는 바람이 마을을 대패질한다
남쪽으로 난 경사지에
보리밭이 차츰 드러난다

3월, 이제 곧 제비가 우리 집 대들보에 둥지를 틀러 오겠지
커다란 벽오동나무 잎이 끊임없이
우리 집 평상 위로 떨어진다

3월, 할머니가 마당을 쓸며
사발 속에 조금 남은 눈깔사탕을
우리 형제들 호주머니에 넣어주신다

3월, 풀숲에는 들꽃이
제법 곱게 핀다 꽃들에게는
살랑이는 봄바람이 불어올 뿐이다

3월, 어른들은 서쪽 산에 개간하러 가서
땅속 깊숙한 곳에서
고구마와 전설을 캐낸다

3월, 산비탈로 뻗은 기다란 나뭇가지는
푸른 잎을 틔운다 나뭇가지는
겨울을 나는 동안 조금 휘었다

복숭아꽃을 보면 알 수 있다
이는 올해 피어난 꽃임을
작년에 핀 복숭아꽃은 이미 지고 없다

## 복원

지금부터 여러분에게 우리 할아버지 이야기를 하겠다
할아버지는 오십 년 전에 폐암으로 돌아가셨다
그 깡마르고 쇠약하던 노인네 그때까지 얼굴 한번 못 본 할아버지
할아버지를 서술한다는 건 곧 할아버지를 복원하는 일이다
우선 할아버지를 위해 그가 살던 마을을 복원하고 그 마을의
고립감, 늙고 쇠약한 모습, 부르르 떠는 모습을 복원해야 한다
할아버지는 한평생을 그 마을에서 지냈고
빈곤 비참 취약 쇠락 그리고 장기간에 걸친
투병의 고통 속에서 마흔 여덟의 짧은 생을 살았다
할아버지는 한밤중에 어둠침침한 램프 아래서 맷돌을 돌리다 각혈을 했다
흙집 앞에 겨우 구색만 갖춘 사립문은
바람이 조금만 불어도 끼익 하고 비명을 질러댔다
할머니는 사립문 안쪽에 서서 돌도 지나지 않은 내 아버지를
안고서 문 밖에서 개 짖는 소리가 들릴 때마다
내 아버지를 품속에 꼭 끌어안았다
마을 뒤편 황량한 열 무짜리 토지는 할아버지가 개간한 땅이다
그 노동을 복원해보니

그가 곡괭이를 내리치는 자세로 아래를 향해 허리를 구부린다
그가 흉작을 낸 해를 복원하니
할아버지가 말없이 처마 밑에 서 있다 숨죽여 울지도 않았다
할아버지가 복원되면 마지막에는 산이나 초목을 복원하고 싶다
그를 산의 모습으로 영면에 들게 하리라
그의 몸 주변에서 언제까지고 초목이 흔들리게 하리라

## 고난

만일 내가 죽으면 친애하는 여러분
아무쪼록 내 몸에서 고난을 꺼내 주십시오
내 목숨 중에 가장 소중한 것은 그것밖에 없습니다
사람들이 가장 업신여기는 것도 그것입니다
이승의 고난이 있으면 전생의 고난도 있습니다
많은 식량의 원천과 토양의 칼슘
그리고 청결함과 내 본래의 체면도 내포되어 있을 것입니다
오랜 세월의 고난이 있는가 하면 짧은 시간의 고난도 있습니다
만일 그것들을 하나로 엮는다면
그것이 내 일생입니다 만일 한 구절 한 구절 꺼내본다면
모두 내 힘들었던 세월입니다 혹은
자질구레하고 비참한 삶의 모습입니다

내 무게는 곧 내 고난의 무게
내 부피는 곧 내 고난의 부피
그럼에도 한 톨의 식량과 저울질해도 될 만큼 가벼울 때가 있고
동전 한 닢에 맡겨도 될 만큼 작을 때도 있습니다

## 아침밥을 사러 나온 객지에 돈 벌러 온 노동자

비가 내린다 현장의 작업은 중지되었다
그는 아침잠을 탐하며 늑장을 부리다가 아홉 시에 일어나
뒷간에 가 이를 닦고 아침밥을 먹으려고
주머니를 뒤져 동전 두 닢을 찾아 숙소를 나섰다
아침밥을 파는 노점에 가려면 S자로 굽은 길을 빠져나가야 한다
그 어귀에는 일흔쯤 되어 보이는 백발노인이 무릎을 꿇고
한 손은 곁에 둔 검은 천 자루를 쥐고
다른 손은 땅을 짚어 온몸을 지탱하고 있었다
노인은 얼굴이 누렇게 떠서 흡사 도자기로 만든 반신상 같았다

갑자기 다리에 힘이 풀려
걷고 있던 그는 걸음을 멈추고 말았다
얼어서 온몸을 떨고 있는 노인이
웅크린 빙설 같았다
그는 가엾은 마음에
움켜쥐어서 땀이 흥건해진 동전 두 닢을
노인 앞에 놓인 법랑 밥그릇에 가만히 넣고
몸을 돌려 인파 속으로 사라졌다

## 아담한 집을 갖고 싶다

산속의 좁은 평지에 아담한 집을 짓고 싶다
진흙과 돌을 깔아 벽을 세우겠다
집은 그리 크지 않아도 비바람만 막아주면 족하다
다만 반드시 남향이어야 한다 나는
남향이 좋다 집 주변에 난 이름 없는 풀꽃을
백 배로 잘 보살펴줄 수 있다
그 옆에는 곡식과 배추씨를 뿌리겠다
겨울에는 햇볕을 쬐고 말에게 여물을 주고 꿩사냥을 나가
겠다
큰 산이라 집 주위에 우물을 팔 필요는 없다
가는 곳마다 샘이 솟으니 농부는 항아리를
준비하지 않아도 된다
연로하신 아버지는 며칠 밤이나 두레박줄을 엮을 필요가
없다
어머니는 샘가에서 빨래를 하고 부엌칼을 간다
그녀는 오가는 길 위에서 일생을 다 써 버린다
산속의 소나무는 허리를 꼿꼿이 세우고 성장하여
해마다 삼십 센티미터씩 자란다
나무 사이의 달빛은 탁하고 어슴푸레하여
휘젓기도 힘들다 집 앞에 서서 산기슭을 내려다보면

유채꽃도 실개울도 내 몸속으로 흘러든다

## 조각배를 타다

조각배에 오르자 내 몸은
시나브로 강 물결 속으로 사라져갔다
강의 수면은 처음부터 끝까지 둑보다 조금 낮아서
고개를 들어야만 강둑을 한가로이 거니는 사람이
보인다 물이 쏴아쏴아 소리를 냈다
늙은 사공이 강을 위해 강의 목청을 끌어올려 주었다
양쪽 강기슭에서 보리를 베던 농부는
고함을 지르며 이야기를 주고받고
그 목소리는 내 머리 위를 스치고 지나갔다
마치 한쪽 귀로
들어와 다른 쪽 귀로
빠져나가는 느낌이었다 배는 강 후미께의 마을까지 달렸다
빽빽하게 수초가 자라난 모래톱에는
물에서 막 기어 올라온
벌거숭이 개구쟁이들이
한 줄로 나란히 서서
작은 물결에 대고 오줌을 누었다 수초 구렁에 있던
물새들이 화들짝 놀라 파닥대며 날아올랐다

# 헤이투

'헤이투'[1] 그는 내 오랜 이웃, 육십 대를 절반도 넘지 않았는데 앞니가 죄다 빠졌다
그는 나무며 볏짚을 모은 땔감을 등에 지고 다닌다
마을의 야트막하고 허술한 담장 근처에서 자주 마주친다
'헤이투' 가난한 외톨이, 오랜 세월 흙먼지를 마신 탓에
기침을 하고 짙은 가래를 뱉는다 몇 년째 기관지염과 천식을 앓고 있다
그날 그는 귀퉁이가 떨어져나간 삽을 메고 남쪽에 있는
밭으로 가서 땅을 갈아 겨울을 나기 위한 배추를 심었으나
밭에는 잡초가 자랄 대로 자라 있어
그는 몸을 굽혀 하나하나 잡초를 뽑았다
"헤이투! 헤이투!" 마을 아이들도 큰 소리로 이렇게 그를 부른다
'헤이투'는 밀짚모자를 쓰고 있는데 꼭 시커먼 냄비뚜껑 같다
그의 집은 달랑 무쇠냄비 하나뿐이어서 그것만 들고
이 마을 저 마을 이사 다녀도 될 만큼 가난하다

---

1) 헤이투 : 검은 흙(黑土)의 중국어 발음. 여기서는 사람의 이름이다.

## 채광기와 두 장

아버지가 나지막한 단층집에 채광기와 두 장을 얹었다
어두컴컴하던 집이 금세 환해졌다
어슴푸레하던 지붕에 창문을 낸 것 같았다
가난한 우리 집에서 유일하게 밝은 장소였다
화창한 날이면 햇볕이 쏟아져 들어왔다
채광기와 두 장은 가난한 이의 웃음 띤 입가였다
아버지가 그처럼 웃는 모습을 십여 년 동안 본 적이 없었다
비 오는 날 먼 하늘에서 천둥이 세 번 울리고
빗물이 기와 위를 흐르기 시작했다
그 물이 어디로 흘러가는지는 중요하지 않았다
채광기와는 한참동안 비에 씻겨 더없이 깨끗하고
환해졌다 그것만이 기억에 남아 있다
어머니는 그 환한 빛 아래에서 하얀 와이셔츠를 기워 주셨다

# 어느 작은 마을의 오래된 거리

그곳은 원나라 때부터 이어져온 작은 마을, 이미 오래전에
낡아버린 고서(古書)이다
몇 번이나 복원을 했지만 잇단 변화를 막을 수는 없었다
그래도 아직은 조금이나마 원나라 희곡의 여운을 느낄 수
있다
큰길 양편에는 나지막한 대나무 건물과
목조 집이 늘어서 있다 거리를 오가는 사람들은 겨울을 날
죽순과 마늘 그리고 감자를 멜대 양쪽에 짊어졌다
길모퉁이 근처의 마을에서 가장 오래된 2층 쪽방에서는
명나라와 청나라 때 수재[1]가 두 명이나 나왔다고 하나
그 후 가세는 기울어만 갔고 지금 홀로 남은 위셴 할머니[2]는
소싯적 마을에서 소문난 미인이었다
두 남자가 그녀를 두고 칼부림을 한 적이 있는데
끝내는 허무하게도 두 사람 다 그녀를 차지하지 못했다
결국 돈 있고 권세 있고 그녀보다 스물여섯 살이나 많은
'수재' 하오톈[3]이 그녀를 쟁취해 세 번째 부인으로 들여앉
혔다

---

[1] 수재(秀才): 명(明), 청(淸) 시대의 과거시험에 급제한 후, 부(府), 주(州), 현학(縣學)에 입학한 학생을 일컫는다.
[2] 위셴 할머니의 원어 : 玉仙.
[3] 하오톈의 원어 : 浩天.

자식을 둘 낳았지만 모두 요절했다 지금 그녀는

매일 얼룩덜룩한 담벼락 아래에 앉아 햇볕을 쬐며

눈은 언제나 기와 처마 밑 하늘거리는 개피 풀을 노려보고 있다


그곳은 후베이 성4) 동남쪽 산골짜기에 있는 작은 마을

주위를 둘러싼 산들이 사람보다 많아 보일 정도다

산에서는 대나무, 목재, 찻잎 그리고 모시풀을 재배한다

인적 뜸한 거리를 지나는 사람은 대부분

외지에서 흘러들어온 사람들

장삼을 입고 돋보기를 낀 점쟁이

영감님 아니면 산나물 가격을 흥정하러 온 거간꾼

나는 그 작은 마을의 오래된 거리에서 보름쯤 머무르며

매일 같이 거리를 어슬렁거렸다 푸주한 쏭 씨5)가 도축칼을 예리하게

보는 사람의 등골이 서늘해질 만큼 날을 갈아대는 것을 보았다

그는 지금껏 돼지를 잡을 때 칼을 두 번 내리칠 것도 없이 단

---

4) 후베이 성(湖北省) : 중국 양쯔강 중류 유역에 위치.
5) 쏭 씨의 원어 : 宋.

번에 숨통을 끊어 놓았다
　그래서 사람들은 그를 '단칼'이라는 별명으로 부르곤 했다
　길가를 향해 난 빵가게의 주인 '곰보왕'은 불길 속에서 갓 구운 빵을 건져 올릴 때
　손바닥에 두세 번 침을 뱉었다

　나는 오리 요릿집을 낸 할머니 형제분의 부인에게 고자질했다
'류지'6) 술집은 소주에 물을 타서 추잡하게 돈을 번다고
　술을 마시러 온 사람들이 반드시 가게의 술독을 때려 부숴야 한다고

　외숙모네 집은 산의 절벽을 등지고 들어앉았다
　아마도 지은 지 사십 년은 지났을 것이다
　딱지꽃, 범의귀, 멀구슬나무가 담벼락 밑에 무성하게 자라 있다
　그녀는 절벽을 등지고 그 시골 요릿집을 꾸려나갔다
　그날 오래된 거리의 처마 끝에는 밝은 빗물이 주룩주룩 흘러내렸다

---

6) 류지 술집의 원어 : 劉記.

만터우 가게는 매상이 예전보다 찜통 세 개 분만큼 줄었다

멜대에 배추를 짊어진 여인네가 길모퉁이에서 배추를 사라고 큰 소리로 외쳤다

외숙모네 오리 요릿집은 불똥이 튀는 대장간 근처였는데

대장장이 '팡'[7] 씨가 형태를 갖추지 않은 고철을

몇 번만 두들기면 죽세공에 쓰이는 칼로 완성되었다

오래된 거리에서는 매일 같이 사건이 일어났다

거리에서 콩꽃을 파는 과부 '차이'[8]와 유탸오[9]를 튀기는 망나니 '허우싼'[10]이 며칠 전에 남몰래 부부의 연을 맺었다고

외숙모가 들려주었다

산나물을 팔러 다니는 우한[11] 지방 늙은이가 두부가게 여주인의 딸을 유괴했다

여주인의 애인은 두부가게에서 농약병을 두 손으로 쥐고

꼬박 사흘간 소란을 피워댔다

7일 바로 그날 나는 초나라 연극의 한 장면을 보았다

---

7) 팡 씨의 원어 : 方.
8) 과부 차이의 원어 : 柴.
9) 유탸오(油条) : 꽈배기 모양의 밀가루 반죽을 튀긴 중국식 빵. 중국인들이 아침식사에서 즐겨 먹는 음식 중 하나이다.
10) 허우싼의 원어 : 候三.
11) 우한(武漢) : 중국 후베이 성에 위치한 도시. 중국 중부 지방의 교통과 군사의 요충지이다.

배우는 연정에 사로잡혔고 보는 사람들은 흥미진진했고 듣는 사람들은 얼씨구나 하고 소리쳤다

　어느 작은 마을의 오래된 거리는 길이 구불구불하다
　내가 그곳을 떠나오던 날은 비가 왔고
　빗물은 거리를 따라 굽이쳐 흐르고 있었다
　나는 그녀가 배웅하는 눈빛 속에서 구불구불한 길을 걸어 떠나왔다

제3부
집에 가는 길

# 유수(流水)

　강남은 물로 이루어졌다 물로 이루어진 강남은 발길 닿는 곳마다 물이 흐른다
　만 년 전에 흐른 물도 만 년 뒤에 흐를 물도
　같은 방향으로 흐른다
　물은 산속 깊은 곳에서 흘러내려와 골짜기를 거쳐 흘러간다
　물의 원천에서, 구름 꼭대기에서, 높은 산에서 흘러온다
　어느 해인가 나는 헤이 아저씨[1]와 약초를 캐러 산에 들어갔다가
　홀린 듯이 시냇물 소리를 따라 높은 산에서 산기슭까지 뛰어 내려가고 말았다
　물은 계류를 따라 낮은 데서 더 낮은 데로 흘러내려가
　산골짜기를 거쳐 사람 사는 평지까지 끝없이 흘러간다
　말라붙어 가는 마을 연못을 가득 채우고 쉬지 않고 흘러내려
　일군 지 오래되어 쑥과 누에콩이 무성한 반 무짜리 밭을 지나 옛 기름공장 터를 지나
　돌연 물줄기가 꺾어져서
　그 뒤로도 몇 번이나 더 굽이치고
　굽이치면서 유채밭과 몇 채의 가난한 집 뒤뜰을 지나간다

---

1) 헤이 아저씨의 원어 : 黑.

그 길에 몇 송이 들꽃과 가을 끝자락의 비를
끌어안아 사심 없이 키우더니
60센티미터 깊이로 불어난 마을 앞 작은 시내까지 흐른다
얼마간은 사람들이 나무통과 물 주전자로 그 물을 길어 올리고
얼마간은 농부가 끌어다 논밭에 대고 얼마간은 바로 누운 채 잔잔히 흘러간다
멀리 돌아온 물은 아무래도 고향으로 돌아가는가 보다

## 포도덩굴시렁 아래

정원 가득한 포도 내음
머리 위로는 포도덩굴시렁이 쳐져 있고
덩굴의 잎이 타고 올라 금방이라도 초록이 흘러내릴 것만 같다

안개가 얽히고 구름이 드리우니 반달이 시렁을 타고 오르고
꽃이 피면 구리 물뿌리개로 물을 주다가
나는 불현듯 삶이 애틋해진다

온 들판에 벼가 황금빛으로 물들면 포도도 물이 들어
이파리 사이사이로 늘어진다
그녀들의 수줍음과 비밀스러운 마음이 사랑스럽다

한 알의 포도는 내 가장 작은 고향
손끝으로 그녀의 크기를 가늠하며
그녀의 나무랄 데 없는 혈관과 피부를 어루만져준다

## 집에 가자

오늘밤, 달빛은 얼음처럼 차가운 무쇠가 되어
내 앞을 가로막고 있다
집에 가려는 내 앞을 막아선다
별은 고향 들판에 한 알 또 한 알
여문 은빛 완두콩 같다
하늘에 바람이 세차게 불자 알갱이 몇 개가 떨어졌다

내 정수리 위로 날아간 작은 새는
마침표 같다
쉼표 같다
갈가리 찢겨 바람 속에 흩날리는 종잇조각 같다

깊은 밤 나와 아들은 도시의
고층빌딩에 서서
머나먼 고향을 아득하게 바라본다
아들이 "집에 가자"라고 말하기에
내가 백 킬로미터 저편의 그곳을
가리키자
흙투성이 손가락 끝이 맨 먼저 집에 다다랐다

## 형제의 분가

　이른바 분가, 분가란 밥을 따로 먹는 것, 분가란 수많은 아버지나 어머니를 분리하는 것
　냄비 하나를 여러 개로 나누는 것
　부뚜막 하나를 여러 개로 나누는 것
　돼지와 양은 절반씩 닭과 오리도 절반씩 한 마리뿐인 삼색고양이는
　똑같이 나눌 수 없으니 아버지 어머니 곁에 남겨둔다
　식량은 대바구니 단위로 토지는 무 단위로 집은 방 단위로
　마대자루는 장 수로 테이블은 탁자 수로 의자는 다리 수로
　국자, 쟁반, 밥공기, 젓가락은 머릿수로 나눈다
　체, 키, 곡괭이, 낫, 쇠망치, 갈퀴는
　모두 저마다 하나씩
　요강, 야간용 남자 변기는 나눌 필요 없이 각자 자기 것을 가져 간다
　자기네 아이는 각자 자기 집으로 데려간다
　친척은 공동의 것, 친구는 각자의 것
　부모님의 지팡이는 아직 사용하니 나누지 못한다 부모님은 지팡이에 의지해서 걷는다
　아버지는 말한다 너희들에게 미안하구나 나는 돈이 없단다
　아버지는 잔병과 기침 그리고

방 두 칸짜리 동향 기와집을 남겼다
어머니는 눈물을 떨구며 시집 올 때 가져온 은장신구를
하나하나 꺼내어 며느리들의 머리에 하나씩 꽂아준다
두 손주는 옆에서 할아버지 할머니랑 살겠다며 울어 댄다

## 물고기 양식

내게 길이 주어진다면 나는 고향으로 돌아가리라
연못이 주어진다면 물고기 양식을 하리라
연못에 물을 대어
실개천과 좁다란 수로를 끌어다가 물고기를 기르리라
큰 물고기 작은 물고기를 기르고
수컷과 암컷 물고기를 기르고
붕어와 백련어[1] 그리고 잉어를 기르리라

물 그것은 물고기의 세상이자
물고기의 영토이기도 하다
물고기는 물로 이루어진 천하를 다스린다
다른 무리들을 거느린다
물고기는 물속에서 장난을 치며 먹이를 찾고
수초더미에서 번식을 하는데
채 다 자라기도 전에 어시장에서는
이미 누군가가 그들의 시세를 흥정한다

---

[1] 백련어(白鰱魚) : 잉어목 잉어과에 속하는 중국 원산의 민물고기. 성장이 빠르며 성체는 1미터 이상으로 자라는 경우도 많다. 중국에서는 전통 요리의 재료로 쓰이며, 인기 있는 민물고기 중 하나이다.

물고기는 헤엄을 칠 때
작은 배를 노 젓듯이 꼬리지느러미를 흔든다
나는 연못 끝에서
그것들의 귀여운 모습을 보며
부지런히 먹이를 주어 기르리라
이른 아침에는 닭울음소리를 이십오 그램
한밤중에는 달빛을 십오 그램

## 오늘밤에 뜬 달



하늘이 어두워졌다

어서 달이 뜨면 좋으련만

높이 뜰수록 좋고

멀리 비출수록 좋다

나는 과분한 소원은 빌지 않는다

달빛 주위는 온통 새하얀 은가루

고급 도자기 그릇에 백 그램을 뜨러 가야지

나는 그저 바랄 뿐이다

구름아 오늘밤 달을 가리지 말아다오 바람아 달을 떨어뜨리지 말아다오

아낙이여 물을 긷더라도 달은 길어가지 말아주오

달이 떠야만

어두운 밤에도 넘어지지 않는다오


오늘밤 달은 인류의 것, 나의 것

그 달을 아버지께 바치리라

이십 킬로미터 떨어진 도시에서 막일을 하는 아버지는

버스비 5자오[1]조차 없다

---

[1] 자오(角) : 중국 화폐의 보조 단위. 1 위안(元)은 10자오이다.

어두운 밤길을 세 시간이나 걸어 집으로 돌아가야 한다

## 사촌누이 뤄퉈핑

　사촌누이 뤄퉈핑1)은 찢어지게 가난했다
　그녀가 호적을 둔 마을은 산이 많고 고개가 가파른 데다 어둔 밤은 거대했다
　그녀가 살던 집은 낮고 눅눅한 데다 참새가 둥지를 틀었다
　그녀의 집안 살림은 궁핍했다 나무대야 사기사발 옹기그릇
　당나귀 한 마리와 차오마이싱2) 고개에 있는 두 무짜리 황무지뿐이었다
　사촌누이는 위가 나쁘고 몸이 허약했다 주먹으로 명치를 누르며
　당나귀 먹일 풀을 베러 가는 그녀를 자주 보았다
　조그마한 절에 다니며 요절한 서방을 위해 지전3)을 불태웠다
　사촌누이에게는 토지가 곧 예금통장이라
　땀 흘리며 일하는 것만이
　부지런히 통장에 돈을 모으는 길이었다
　고구마, 보리 그리고 감자가 해마다 받는 이자
　그녀는 그것으로 시어머니와 아들을 먹여 살리고

---

1) 뤄퉈핑의 원어 : 駱駝平. 뤄퉈는 낙타를 뜻하는 중국어로, 중국에서는 '낙타처럼 일만 하는 사람'이라는 뜻으로 이 별명을 붙이기도 한다.
2) 차오마이싱(蕎麥峠) 고개 : 차오마이(蕎麥)는 메밀을 뜻하는 단어이다.
3) 지전(紙錢) : 사후세계에서 사용된다고 여기고, 망자나 귀신을 위해 태우는 동전 모양의 종잇조각. (저자 주)

위장병을 치료하며

그렇게 살다 세상을 떠났다 탕약에 의지해 겨우 쉰다섯까지 살다가

시어머니보다 먼저 세상을 떠나 버렸다

그 인생을 여름 돗자리에

펼쳐본다면 마치 하얀 종잇조각만큼이나 운명은 빈약했다

## 오후

마을 옆을 구불구불 지나는 그 작은 시냇물은
70년대와 다름없이 흐른다
할머니와 외가 쪽 넷째 할머니는
오후 내내 그 냇둑에 서서 이야기를 나누었다
할아버지는 오후가 되자 그 강어귀를 따라
무 씨의 대장간에 갔다
가족들에게 쓸 만한 낫을 벼려주고 싶었다
형태가 갖추어지지 않은 고철을 무 씨가 어떻게 두드리고
어떻게 점점 얇게 펴서 낫으로 만들어내는지를
할아버지는 자신의 눈으로 확인하고 싶었다
오후에 아버지는 도자기 가마 근처의 땅을 갈았다
입추가 오면 동백나무를 심을까 뽕나무나 삼(麻)을 심을까 고민하며
집 마당에 들어서자 마침 어머니는
오래 써서 너덜너덜해진 솜의 먼지를 털고 있었다
날을 잡아 어느 오후에
어머니는 온 집안을 뒤집어서 온갖 것을 펼쳐놓고
쨍쨍 내리쬐는 햇볕에 말렸다
밤이 깊어지면 우리 형제가
겨울을 날 두터운 옷을 지었다

## 오지그릇

가마에서 막 꺼낸
오지그릇
그 아름다움은 미(美)가 다 타버린 뒤의
칠흑

둘째 고모는 감자를 넣고 고기를 삶는다
소금을 친다
오지그릇이 고모의 지시에 순종하는 모습은
삼촌이 순종하는 모습과 똑같다

## 여러 마을을 다녀왔다


여러 마을을 다녀왔다 한 마을에서 출발해
혈연의 덩굴을 따라 길을 더듬어 갔다
외가 쪽에서 가장 나이 많은 사위, 둘째 외삼촌,
넷째 이모, 외가의 살림을 꾸리는 여섯째 외사촌
모두 한 덩굴에서 자라났다 우리는 친족과 다름없이 왕래했다

여러 마을을 다녀왔다 친척들은
논두렁과 산밭에서 바삐 움직였다
흙탕물로 가득한 연못에서 연근을 캤다
사위는 나무 외바퀴가 달린 수레로 감자를 실어 날랐다
천을 덧댄 바지를 입고 이마는 진흙투성이였다
외사촌은 검은 구름이 드리워진 언덕으로 벼를 베러 갔다
그는 낫자루를 움켜쥐고 힘껏 낫질을 했다

여러 마을을 다녀왔다
마을은 거반 비슷했다 크고 작은 연못이 있고
친척들은 거기에서 물을 대고 물고기 양식을 했다
그들이 올려다 본 하늘이
물에 비친 모습을 우연히 보았는데

처음엔 별이 몇 개 떨어졌다
그 위를 오리들이 헤엄쳐 지나갔다
연못에서 또 다른 친척을 만났다면 그것은
내가 또 다른 마을로 갔다는 뜻이다

## 장작 패는 큰형

아이들이 제분공장 뒤 공터에서 제기차기를 한다
량 군1)이 한 발 차올리자
밀짚더미 옆에 있던 한 마리 양의 엉덩이에 정확히 명중한다

큰형은 안마당에서 장작을 팬다 형이 양팔에 힘을
한껏 모아 도끼자루에 실으면
장작은 기합소리와 함께 두 동강이 난다

안마당에 쌓인 장작더미는 이 오후만큼은
겨울철보다도 높다 암탉 한 마리가
꼬꼬댁 울면서 장작더미 사이의 빈틈으로 숨어든다

산더미처럼 쌓인 장작을 할머니가 몇 토막 안고 가서
밥을 짓고 할아버지가 몇 토막 가져가서 몸을 녹이고
아버지가 몇 토막 마을에 지고 가서 돈으로 바꾼다 집 뒤편
산마을에 사는 몇몇 친척들이 몇 토막 당나귀에 싣고 간다
나는 고린내 나는 양말을 늘 그 위에
넌다 아버지는 비료포대를 그 위에 넌다

---

1) 량 군의 원어 : 亮.

참새도 날다 지치면 그 위에서 쉬어간다

## 고구마 캐는 노인


그분은 누구네 엄마였을까 누구네 할머니였을까 누구네 외할머니였을까
그녀는 죽음이 그리 멀지 않았는데도
대나무 광주리를 손에 들고
거의 경작을 포기한 버려진 산밭에서 고구마를 캐고 있었다
머리에 쓴 밀짚모자가
그녀의 주름과 백발 그리고 우묵한 눈가에 번진 눈물은 감추었지만
느릿느릿 굼뜬 움직임은
차마 나이를 감추지 못했다

점심때가 되자 그녀는 광주리에 반쯤 고구마를 담아 집으로 돌아갔다
등이 심하게 고부라진 몸은 광주리에 거의 뒤덮여 있었다
그녀는 먼저 관목이 울창한 용수로를 돌아
묘지를 지나 마을에 있는 생산대의 물고기 양식장 쪽으로
방향을 틀어 언덕길을 오르기 시작했다
그녀는 한 발 한 발 몹시 힘겹게 걸었다
때마침 그곳을 지나던 내가 할머니 하고 외치자
그녀는 나를 돌아보며 똘똘이구나 라고 답했다

그해 나는 일곱 살이었고 고구마 광주리를 들 힘은 없었다
할머니의 광주리에서 제일 큰 고구마를 두 개 꺼내어
무게를 일 킬로그램 남짓 덜어내는 도움만 드렸다

## 그때 나는 아직 어렸다

그때 나는 아직 어렸다 아버지는 나를 데리고
오동나무 분지를 출발해 지도에도 없는 남쪽 작은 마을로
길을 떠났다 아직 밤이 밝지도 않았는데
아버지는 닭의 첫 울음소리에 맞춰 내 손을 끌며 출발했다
마을 뒤편의 비탈길을 얼마쯤 오르자 그곳에는
생산대의 드넓은 목화밭이 있었다
아마 비료 부족과 가뭄 탓이었으리라
볏모들은 흉작으로 굶주려 극도의 영양실조에 걸린
마을 사람들 같았다 우리가 황톳길을 돌자
반달이 얼굴을 내밀었다 한동안 길을 밝혀주다가
사라져버렸다 우리는 앞을 더듬으며
어둠 속을 나아갔다 나는 주먹을 꽉 쥔 채 무덤이
여러 개 들어선 곳을 빠져나갔다
온몸에서 식은땀이 났다
산길을 지나 일 킬로미터나 이 킬로미터쯤 걸었을까
평지를 지나가다가 땅이 솟은 곳에서 무릎이 꺾여
그만 넘어질 뻔했다 헤이차오춘 마을[1]의 활어조를
지날 때에는 그 안의 물고기가 파닥 튀어 올랐다

---

1) 헤이차오춘 마을의 원어 : 黑草村.

나는 깜짝 놀라 하마터면 아버지의 품으로 달려들 뻔했다
고요하던 연못이 돌연 사나워지더니 높고 낮은 물결을 일으키며
마을까지 흘러들었다 그날 아버지가 무엇을 사 왔는지는
기억이 없다 단지 기억나는 건 그날 돌아올 때 아버지가
갈 때와 다른 길을 택했다는 것, 할 수 없이
오동나무 분지 뒷산의 보리밭을 지나와야 했던 것
아버지가 길가에 떨어진 보리 이삭을
하나하나 허리를 구부려 주워 모으던 일이다 그 보리는 뒷날
우리가 기근을 이기게 해준 유일한 양식이었다

## 장한평원

앞으로 앞으로 나아가자 장한평원¹⁾이 끝도 없이 펼쳐지며 내 시야에 들어왔다
한양 시²⁾를 지나자 눈앞에는 셴타오 시, 첸장 시의 평원이 점점 더 광활해졌다
하늘로 피어오르는 아궁이의 연기 그 높이여 그 아름다움이여
그 연기 아래에는 불꽃이 가득 매장되어 있었다
타는 불빛은 밥 짓는 어머니를 비추고 막노동을 하는 아버지를 비추었다
8월의 바람은 평원을 가로질러 저 멀리로 불어갔다
평원에는 가없이 광활한 목화밭이 눈앞에 온통 새하얗게 펼쳐져 있고
어느 해인가 내렸던 대설 같았다
목화 줄기는 여름내 곧게 서 있었고
햇볕을 받아 이파리는 말라서 약간 말려들어갔다
평원에서 일하는 사람은 오후 네 시의 목화밭에 파묻히고
몇 개쯤 보이는 밀짚모자는 길가의 단층집 몇 채에 난 어두운 창문 같았다

---

1) 장한평원(江漢平原) : 중국 후베이 성 중남부의 창강 유역에 펼쳐진 평원 이름.
2) 한양 시(漢陽市), 셴타오 시(仙桃市), 첸장 시(潛江市) : 중국 후베이 성에 위치한 도시 이름.

나는 작은 시내를 따라가며 물을 쫓고

물고기를 뒤쫓으며 흐르는 물을 끌고 갔다

황혼이 깃들자 석양은 물속에 사는 생명체처럼 치쿵교[3]까지 헤엄치다가

굽이도는 사이에 사라졌다 그때

먼 마을에 콩기름 램프가 켜지고 대평원은

점점 더 작아지고 겨우 램프만큼 작아지고

콩기름 램프의 불꽃은 미풍 속에서 살며시 흔들리고

한밤의 장한평원이 살며시 흔들리는 듯이 느껴졌다

---

[3] 치쿵교(七孔橋) : 중국 헤이룽장 성(黑龍江省) 닝안 현(寧安縣) 무단강(牧丹江)에 놓였던 발해의 다리 유적. 옛 발해의 도읍지인 상경성(上京城)에서 위로 4km 떨어진 곳에 위치해 있다.

## 아궁이

나는 그것을 아궁이라 말하지 않는다 큰 소리로 어머니라고 부른다
그것은 마치 어머니처럼 시골의 가장 허름한 부엌에 눌러 살며
낮고 습한 지면에 엎드려 머리를 파묻고 있다
그 위에 놓인 두 개의 무쇠솥은 어머니의
몸과는 다른 곳에 있는 움푹 패인 유방
그것으로 아들딸들을 키워낸다
아궁이에 불을 지피면 금세 연기가 부엌 가득
피어올라 마치 어머니가 잿빛 옷을 입은 듯하다
불길은 그녀의 웃는 얼굴, 가족을 위해
물을 데우고 고구마를 찌고 밥을 짓는다 그 일이 기쁘다
어머니의 견실함 검소한 본분 따스한 마음 그것들은
그 모두를 내재한 불꽃으로 피어난다
여태껏 햇볕이나 비와 이슬조차 듬뿍 받지 못한 것을
그녀는 원망하지도 후회하지도 않는다
일상은 단순명료하다
녹슨 쇠젓가락이 거칠고 말라비틀어진 풀뿌리며 콩깍지를
그녀의 입에 넣어주지만 먹고 또 먹으면 풍미도 나오는 법이다

그녀는 말주변이 없다 가장 큰 언어는 냄비를 끓이는 일이다

## 황학루에 오르다


황학루1)는 서산2) 정상에 걸린 흰 구름의 꼭대기에
우뚝 솟아 있다 날개를 반쯤 펼친 황학처럼
학처럼 생기가 넘치고
선연하다 그것은 건물의 형상을 하고 있으나
학의 영혼을 지녔고 시가(詩歌)의
심장을 지녔고 페인트칠한 풍성하고
아름다운 날개를 지녔다

내가 누각에 올라갈 때 가랑비가 그칠 줄을 모르고
가느다란 빗방울이 흰 구름을 따라
바람 속을 유유히 비껴 내린다
'흰 구름만 천 년을 유유히 떠 있네'3)
그 정취를 한 걸음 한 걸음 힘껏 디디며
흰 구름을 타고 올라가노라면 황학에
올라탄 신선으로 점점 몸이 변해간다

---

1) 황학루(黃鶴樓) : 중국 후베이 성 우한 시(武漢市) 우창 구(武昌區)에 있는 옛 누각. 황학을 타고 온 신선을 기리고자 지었다는 전설이 전해진다. 악양루(岳陽樓), 등왕각(滕王閣)과 함께 강남 3대 누각으로 꼽힌다.
2) 서산(蛇山) : 중국 후베이 성 우한 시 우창 구에 위치한 산. 해발고도 85미터. 황허산(黃鶴山)이라고도 부른다.
3) 흰 구름만 천 년을 유유히 떠 있네 : 白雲千載空悠悠(백운천재공유유). 당나라의 시인 최호(崔顥, 704~754)의 칠언율시「황학루」중 네 번째 구.

사람은 누각에 오르고 나는 시의 경지에 오른다

## 초원의 밤

초원의 밤은 술 마시기에 안성맞춤 노래하기에 안성맞춤
고함치기에 안성맞춤이다

몽골텐트[1]는 어둠 속에 웅크린 채
버터램프[2] 불빛으로 사람들의 마음을 더듬어
끄집어낸다

벗과 나는 소와 양이 지나간 푸른 풀밭 위에
자리 잡고 앉아 쌀보리 술병을 끌어안고
죄다 비우고는 달빛까지
비우는 중이었다

그때
누군가 소프라노로 연가(戀歌)를 불러
모든 이의 격정을

---

[1] 몽골텐트 : 몽골의 민속 가옥인 게르(Ger)를 말한다. 나무로 엮은 벽에 양털로 만든 펠트와 하얀색 천을 씌워 만든 둥근 천막집 형태의 이동식 가옥이다.
[2] 버터램프(butter lamp) : 티베트에서 불교 의례에 주로 쓰는 재래식 조명 기구. 받침대 위에 밥공기 모양의 등잔이 달린 형태로서 야크(yak : 중앙아시아에 서식하는 소의 일종)의 젖으로 만든 버터를 써서 불을 켠다.

훌쩍
달까지 날려 보냈다

벗이여 용서하게 자네의 초원에서 한바탕 소리치는 나를
내 목소리를 풀잎 끝에서
날려 보내게
그것은 빙글빙글 도는 바람 속에서 꽃과 부딪히겠지
하지만 그것은 순식간에 고삐 풀린 말이 되어
초원을
질주하리라

## 나무 심기

나는 봄을 손끝에 부활시키고 싶다
나는 묘목 백 그루를
농가의 왼쪽 오른쪽 그리고 뒷문에
심고 싶다 앞쪽은 공터로
남겨두고 회색 솜옷을 입은 노인들과
담배도 피우고 카드놀이도 하고 일광욕도 하고
틈이 나면 묘목에 물을 주러 가서
지나가는 봄바람을 국자로 한 번 또 한 번 떠먹여 주리라

묘목이 옆집의 0.02무짜리 공터를 점령하면
보상으로 30위안을 주리라
훗날 그 나무그늘의 절반을 옆집에
내어줄 수도 있다 그리고 옆집과
새소리와 꽃향기를 전부 함께 나눌 수도 있다

## 바다 위의 어화

바닷물에 잠긴 밤은 짭짤하다
바닷물에 잠긴 어화¹⁾도 짭짤하다
바다 위는 아직 온통 칠흑
고기를 잡는 사람 돌고래를 기르는 사람
모두 집 안으로 들어갔다
바닷가를 서성이는 이는
사랑에 빠진 사람 아니면 실의에 빠진 사람

어화는 갑자기 소리도 없이 바다 위를 달려 멀어져간다
아득하고 붉은 어화가 된다
그 아래에는 분명
붉은 페인트를 칠한 목조선이 떠 있고
배 안의 짐칸에는 분명
술에 취한 고기잡이 영감이 있고
그 곁에는 분명
어여쁘고 상냥하고 아리따운 바다의 딸이 있고
붉은 페인트칠한 목조선은 분명
조금씩 흔들리겠지

---

1) 어화(漁火) : 고기잡이배에 켜는 등불이나 횃불.

## 복숭아꽃 마을

이곳은 복숭아꽃 마을 이만 무나 되는 땅에 일제히 꽃이 피어난다
봄이 낳는 최대의 출산이다
마을이 펼치는 최대의 양육이다

자그마한 복숭아꽃은 태어나자마자 웃음을 배운다
꽃잎 한 장 한 장 미소를 짓고 꽃잎 한 장 한 장
마을의 아름다움을 활짝 틔운다

복숭아꽃 한 송이 한 송이 앙증맞고 사랑스럽다
육조 시대[1]의 명기 소소소[2] 같은

---

[1] 육조 시대(六朝時代 : 229~589) : 중국 위진 남북조(魏晉南北朝) 시대의 별칭. 중국 6대의 왕조가 있던 시대로 삼국시대의 오(吳 : 229~280), 동진(東晉 : 317~420) 및 남조(南朝)의 송(宋 : 420~479), 제(齊 : 479~502), 양(梁 : 502~557), 진(陳 : 557~589)을 합한 시대. 한(漢)이 멸망하고 수(隋)가 중국을 재통일하기까지 강남 지역을 지배한 왕조를 중심으로 구분한 개념이다.

[2] 소소소(蘇小小) : 남북조 시대 제나라 여성으로, 항저우(杭州)의 유복한 집안에서 자랐으나 일찍 부모를 여의고 기생이 되었다. 명기(名妓)로 이름을 날리던 소소소는 명문가의 아들 완욱(阮郁)을 보고 첫눈에 반해 인구에 회자되는 시를 남겼다. 그러나 완욱의 집안에서 반대하여 사랑을 이루지 못하고 19세에 상사병으로 죽어 항저우의 시호(西湖) 옆에 묻혔다. 이에 대해 역대로 많은 시인들이 시로 남겼으며, 이하(李賀, 790~816)는 소소소의 시구를 살려 이루지 못한 사랑을 안고 세상을 떠난 애절함을 처연하게 묘사하였다. 「소소소의 노래」는 이하의 대표작 중 하나일 만큼 소

복숭아꽃 소소다 복숭아숲 속을 드나들던
유람객은 끝내 복숭아꽃에 정착하고 만다
십만 송이의 복숭아꽃이 그들을 위해
눈부시게 빛나는 꽃의 궁전을 쌓아 올린다

---

소소를 세상에 널리 알린 시인이다.

## 가오핑1)의 마을에 머물다

큰길 양 옆에 늘어선 시골요릿집들은 한 채 한 채가 서로 이웃
나는 바자오 마을2)에서 민박을 찾다가
구 도로에서 헤매고 말았다
복숭아 파는 여인이 손으로 가리켜 주었다
앞에 보이는 저기 저 오래된 정육점을 지나
다시 골목길을 빠져나간 다음 모퉁이를 돌면 나온다고
저녁밥으로는 맑은 물에 살던 생선, 옥수수술
누군가는 위장 속에 담고 누군가는 얼굴색으로 드러내고
바람난 여우라 불리는 여인은 눈물이 쏟아지도록 술을 마셨다
하늘은 점점 어두워지고 작은 마을에 가로등이 켜졌다
장날에 모인 사람들도 삼삼오오 흩어진다
멜대를 멘 남자는 팔다 남은 말린 채소를 짊어지고 집으로 돌아간다
나는 한참을 그의 뒤를 좇아가서
'톈쿵'3)이라는 여관에 들어가 그곳에 투숙한다
커다란 방에 1인용 침대

---

1) 가오핑(高坪) : 가오핑 구(高坪區), 중국 쓰촨 성 난충 시(南充市)에 속한 행정구역.
2) 바자오 마을의 원어 : 八角村.
3) 톈쿵 여관의 원어 : 天空.

오늘 밤은 삐걱거리는 침대에서 편히 잠들겠다
지금 맑은 물은 저 아래 있고 가오펑은 저 높이 있고
공중에 매달린 냄비처럼 생각거리들이 부글거린다
창가에 드리워진 푸른색 커튼 너머로
농업용 트럭이 저만치서 불빛을 번쩍 비춘다
아무래도 그것은
자그마한 마을의 하루가 나에게 마지막으로 던진 짧은 시선
같았다

# 종

예전에 마을 어귀 나무에 걸려 있던 반쯤 이빨 빠진 쇠쟁기 날은
눈치라고는 손톱만큼도 없는 생산대의
동원 종이었다

그해 초, 일단 종이 울리기만 하면
온 마을이
냄비에 물 끓듯 정신없이 바빠졌다
마을 여기저기서 남자들이 뛰어다녔다 여자들이 뛰어다녔다
등이 굽은 일흔여섯 살 '투건'[1) 할아범이 가슴으로 뛰어다녔다
작은아버지가 다리를 질질 끌며 뛰어다녔다

중화민국[2) 시절의 고철에 이리도 큰
위력이 있을 줄은 꿈에도 몰랐다
그 전에 있던 종은
낡은 레일 조각이었는데
제철을 많이 하던 그해에 마을의 대장이 앞장서서

---

1) 투건 할아범의 원어 : 土根.
2) 중화민국 : 1912년 10월 10일 건국하였다.(저자 주)

'대약진'3) 용광로에 처넣어 버렸다
듣자 하니
대장은 한 달 동안 자기 집의 깨진 징을 쳤다고 한다

그 후 내 아버지 쪽 먼 친척뻘 되는 할아버지가
조상의 집터에서 파낸 중화민국 시절의
반쯤 이빨 빠진 쇠쟁기 날을
생산대에 기부했다 인구 2백 명인 마을에
유일하게 남은 쇳덩이였다

  울려라 마을 주민들의 세간살이로 가득 찬 종소리가 울려 퍼지도록

---

3) 대약진(大躍進) : 1958년~1960년 마오쩌둥의 제창으로 실시한 농업과 공업의 대중산을 목표로 한 정책.(저자 주)

## 해바라기


매년 마을에 돌아와 손바닥만 한
해바라기 잎을 본다 사람 키 반만 한 줄기가
곧추서서 넓적한 햇빛을 떠받치고 있다
흐드러지게 핀 해바라기가 한 송이 그 옆에 또 한 송이
한 송이 또 한 송이 색깔이 선명하다
마을의 해바라기 밭에 들어서면
용맹스럽고 풍성한 최고급 황금을 빈틈없이 채워 넣듯이
새하얀 단벌 와이셔츠에
해바라기 꽃이 도금되고 무늬가 박힌다
가난한 자가 해바라기 꽃을
몸에 걸친다고 이를 유복하다 말하지는 않겠지만
구다춘 마을[1]의 290무밖에 안 되는 해바라기 밭은
단연코 마을 사람들을 한껏 부유하게 해주었다

---

[1] 구다춘 마을의 원어 : 古達村.

## 길을 쓰는 레이오프[1] 여성 노동자

꼭두새벽의 싸늘한 바람이 얇은 옷을 입은 그녀의 몸에 불어와
그 표정을 깎아간다 어스름한 가로등 아래
그녀는 거리의 먼지를
일부는 쓸어내고 일부는 들이마신다

그녀는 레이오프 여성 노동자, 태어날 때부터 찢어지게 가난하다
허나 지금은 길거리가 내 것 같아서
부자가 된 기분이다 이토록 기나긴 길을
홀로 쓸고 있기 때문이다
허나 날이 밝으면 이 길도 모조리 남의 길이다

---

[1] 레이오프(lay-off) : 일시 해고. 기업이 경영 부진으로 인원 삭감을 해야 할 때 나중에 재고용할 것을 약속하고 종업원을 일시 해고하는 것을 뜻하는 용어이다.

## 집에 가는 길

꼬박 8년 동안 나는 이 길을 걸었다
객지에 돈 벌러 나갈 때 말고는 잠시 쉴 때 빼고는 매일 걸었다
기억을 더듬어 다시 이 길에 왔다
마주치는 한 사람 한 사람이 황망할 정도로 생판 모르는 사람들뿐이었다

고향집 앞 실개천을 떠올리자 나도 모르게
란[1])이라는 이름이 튀어나왔다
그해 그녀는 냇가에서 흰 연꽃을 내밀었다
고개를 숙일 때의 수줍은 표정과 상냥함이 좋았다
란, 란 그 이름만큼이나 어여쁜 여자아이였다

꼬박 8년이다 8년이 지나 다시 그 길을 걷고 있다
집에 가는 길
란, 이 길을 걸으며 오직 너만을 생각한다 이 길을 걸으며

나는 끊임없이 네 이름을 큰 소리로 부른다 란, 란

---

1) 란의 원어 : 蘭.

네가 기다려만 준다면 흰 연꽃이 피면 바로 집으로 돌아가리라

## 석탄장수 노인

나는 길가에 서서 그가 끌고 가는 모습을 보았다
석탄을 실은 수레를 온몸으로
손잡이에 매달려 끌고 가는 그의 모습에서 눈을 뗄 수 없었다
이제 막 지나온 동쪽 거리의 첫 교차로

강풍 속에서 그는 허리를 구부려
한 방향으로 느릿느릿 나아갈 뿐이었다
모퉁이를 돌아 골목 어귀에서 곤약장수와 맞닥뜨리자
그는 일순 휘청거렸다

그는 앞으로 나아가며 큰 소리로 외쳤다
쉰 목으로 소리 높여 외쳤다
막 내리기 시작한 눈이
석탄 수레를 빼곡히 덮었다
그는 겨울을 실은 수레를 끌고 있었다

해 질 녘, 겨울나무, 바람이 만들어내는 풍경
도로, 빙설, 그 노인

## 맞은편 공사현장의 피리소리


맞은편 공사현장과 내가 사는 집은 호수를 사이에 두고 있다
객지에 돈 벌러 온 공사현장의 그 노동자는
우물을 뚫을 듯이 퉁소1)를 분다

그는 때 묻은 옷을 입고 싸구려 목도리를 둘렀다
해 질 녘의 바람이 그의 헝클어진 머리칼에 불어오고
발가락에도 불어온다 얼어붙은 피리소리는

공사장의 높은 발판에 달라붙어 기어올랐다가
호수 위에 떨어지고 물결에 휩쓸려
저 멀리 흘러간다 그것은 생활이라 한다 유랑이라고도 한다

피리 부는 노동자는 온 세상 가난뱅이가 그러하듯
손에는 쓸개를 늘어뜨리고 있다2)
뚝뚝 방울져 떨어지는 쓴 맛이 사람을 죽도록 괴롭힌다

---

1) 퉁소 : 전통 관악기의 일종인 세로피리. (저자 주)
2) 손에는 쓸개를 늘어뜨리고 있다 : '와신상담(臥薪嘗膽)'에서 따왔다. (저자 주)

## 절름발이 추 씨

나와 절름발이 추 씨[1]는 평탄한 길을 걷고 있었지만
그의 한 걸음 한 걸음은 마치 웅덩이에 발을 처박고 가는 것 같았다
그는 어느 해인가 사냥을 하러 선농타이[2]에 올랐다가 구르는 바람에 다리가 부러졌다
하마터면 늑대에게 잡아먹힐 뻔한 것을 나무꾼 할아버지가 구해주었지만
죽을 때까지 몸에 장애를 갖게 되었다
그때부터 그는 산기슭에 있는
작은 통나무 오두막집에 살았다
벽에는 그가 오랜 세월 들고 다닌 엽총과
히말라야 곰, 고라니 그리고 호랑이 가죽을 걸어
그의 명예로운 영웅 시절의 역사를 전시했다
그는 산에 가고 싶을 때마다 불편한 다리를 질질 끌며
발이 익은 산길을 거슬러 올라
시냇물을 보거나 새소리를 듣곤 했다
돌에 걸터앉아 햇볕을 쬐며

---

[1] 추 씨의 원어 : 邱.
[2] 선농타이(神農·臺) : 중국 후베이 성 선농자(神農架) 자연보호구(自然保護區) 내의 관광지.

불편한 다리를 정상인 다리 위로 항상 포개 올렸다

## 선농타이의 안개

그날 반비엔[1]에 암벽을 타러 갔다
산길은 험준하고 다소 굽이져 있었다
중턱까지 올라가니
돌연 짙은 안개가
주위를 뒤덮었다
안개 그놈은 거대한 괴수처럼
숲을 몽땅 들이마시고
봉우리를 집어삼키고
이번에는 야인의 손톱처럼
단단히 나를 짓눌렀다
나는 필사적으로 길을 더듬었다
양손을 뻗어 안개를 헤치며
창문을 닦아내듯 앞으로 나아갔다
발을 헛디딜까 겁이 나서
하늘을 뒤덮은 비단처럼
광활하게 펼쳐진 안개를
손을 뻗어 잡으려 했으나
손에 잡히는 것은 아무것도 없었고

---

[1] 반비엔(板壁岩) : 중국 후베이 성 선농자 자연보호구 내에 위치한 절경의 암벽.

아무런 감촉조차 느껴지지 않았다

## 벼랑가 오두막집

맑은 물의 양 기슭에 솟은 산과 벼랑 사이에
자리 잡은 드문드문한 인가
돌을 쌓아 지은 오두막집, 돌을 포개어 쌓은 부뚜막
돌로 만든 탁자, 돌 의자, 돌 절굿공이, 맷돌
돌은 생활 속에 쌓여 있다
이런 까닭에 그들의 생활에는 단단함과 인내심이 깃들어 있다
집 주변에는 옥수수가 자라고 과실나무가 심어져 있고
뒷마당에는 덩굴을 뻗어나가는 호박이 자란다
나무를 휘감은 덩굴에는 열매가 달렸다
벼랑 근처에서는 고삐에 매인 소가 고개를 숙이고 풀을 뜯는다
허리께에 닿을 만큼 무성한 풀에 소 몸뚱이가 거의
파묻혀 있다 밭에서 푸성귀를 뽑던 사내가
밭두렁에서 몸을 일으키자 손에는 배추 한 포기가 들려 있다
그 모습은
선통제[1]가 나라를 다스리던 해에 짚신을 손에 들고
도성으로 올라간 '수재' 같았다 그는 예전에 시를 썼다

---

[1] 선통제(宣統帝, 1906~1967, 재위 1908~1912[청]/1934~1945[만주국]) : 중국 청나라 제12대의 마지막 황제. 일본제국주의에 의해 만주국 황제로 추대되었다. 휘(諱)는 푸이(溥儀).

시를 쓴 세월이 삼십 년이건만 '수팅'2)이나 '위젠'3)은 모른다

맑은 물에서 시작되어 벼랑 근처까지 이르는 샛길은
맑은 물을 촉촉이 머금은 채 구불구불한 광초체4)를 휘갈긴다

---

2) 수팅(舒婷, 1952~) : 중국 푸젠 성(福建省) 룽메이(龍梅) 출신의 여성 시인. (저자 주)
3) 위젠(于堅, 1954~) : 중국 윈난 성(雲南省) 쿵밍(昆明) 출신의 남성 시인. (저자 주)
4) 광초체(狂草體) : 초서체(草書體)의 일종. 획을 흘려 쓰는 자유로운 서체이다. (저자 주)

## 옷 짓는 할머니

입동이 되면 언제나 할머니는 내가 겨우내 입을 솜 넣은
마고자 걱정을 하셨다
눈이 내리는 날에 내가 겨울 추위를 견딜 수 있는 유일한 솜옷
할머니는 바늘과 실을 반짇고리에 넣어 늘 몸에 지니고 다니셨다
회색 천 반 단을 재단하면 바늘 끝에는 하얀 서리가 내리고
방문에 친 방한막은 서풍을 감싸 안았다
어두운 밤은 어두운 채 깊어가고
바늘 끝처럼 자그마한 등불은 자그마한 채 켜져 있다

그 계절 누이가 옆 마을 목수 자 씨[1]네
막내아들인 소목장이와 연애를 하고
6일 그날을 경사스러운 날로 정했다
빨간 대추를 상자 가득 채워 넣고 노새를 몰아 길을 재촉했다
누이가 시집을 갔다
할머니가 한 땀 한 땀 밤새 지은 결혼 예복을 입고
많은 사람들 앞에 선 누이는 눈부시게 빛났다

---

[1] 자 씨의 원어 : 賈.

할머니는 평생을 허름한 옷차림으로 사셨지만
바늘과 실만은 죽을 때까지 손에서 놓는 법이 없이
내 유년기를 짓고 또 짓고 꿰매고 또 꿰맸다
오래전 어느 해에 손으로 짰던 먼지가 뒤덮인 무명을
그때까지도 해 질 녘에, 그리고 잠 못 드는 어두운 밤에
꼼꼼히 꿰맸다
내가 꼭 아홉 살이던 어느 아침에
할머니는 문틀에 기댄 채
옷을 짓던 모습으로 돌아가셨다

## 선녀산 초원

선녀산1) 초원 그곳은 선녀가 말을 몰고
지나간 곳 한없이 아름다운 곳이다
바람이 불고 하늘은 끝없이 펼쳐지고
양떼가 뛰노는 초원은
구석구석 그녀가 베푸는 자비처럼
무한한 애무 속에 있다

바람은 살랑살랑 불고 꽃들은 반짝반짝
초원은 양젖처럼 출렁이고
새는 떨기나무 가지에 앉아 지저귄다
뉘 집 말을
비끄러맨 말뚝인지 단단히 정오의
태양을 붙들어 맸다 새하얀 뜬구름에는
몸뚱이가 없다 양치기의
채찍에는 심장이 없다
젖 짜는 우유통을 든 소년이
맨발로 푸른 잔디를 밟고 간다

---

1) 선녀산(仙女山) : 중국 쓰촨 성 충칭(重慶) 우룽(武隆)에 위치한 산으로, 국립 삼림공원이며 충칭의 10대 절경 중 하나이다. 원어로 '셴뉘산'이지만 본문에 선녀에 대한 내용이 나오므로 여기서는 '선녀산'이라고 표기했다.

## 톈허의 시세계

전환기의 메아리 | 왕광밍
뿌리를 내리고 잎을 무성케 하는 시인, 톈허 | 한쭤룽
인터뷰 | 고향을 부르다, 마음속 희로애락을 외치다

해설

# 전환기의 메아리

왕광밍(王光明)

 위로이든 상처의 아픔이든, 혹은 눈부신 빛이든 어슴푸레한 어둠이든 아무리 시간과 공간이 아득히 떨어져 있을지라도 고향은 언제나 우리들의 처음이자 마지막 상념이다. 그곳은 우리가 태어나 자란 곳인 까닭이다. 만물에 대한 감성이 그곳에서 비롯되었고 세계에 대한 인식이 그곳에서 출발하였으며 인간 세상의 냉정함과 따뜻함, 초록의 푸르름과 꽃의 아름다움도 그곳에서 깊이 각인되었다. 그런 연유로 칠레의 시인 네루다[1]는 남미의 역사와 현실을 표현하는 데 자신의 온 힘을 쏟아 부었다. 중국 현대시인 아이칭[2]도 같은 이유로 '다옌허'[3]와 고난의

---

[1] 파블로 네루다(Pablo Neruda, 1904~1973) : 칠레의 민중시인이자 외교관. 1971년 노벨문학상 수상. 대표작으로는 『스무 편의 사랑의 시와 한 편의 절망의 노래』, 『지상의 주거』, 『위대한 노래』 등이 있다.
[2] 아이칭(艾青, 1910~1996) : 중국의 시인. 상징주의 계열의 시를 주로 발

땅에 그처럼 깊은 애정을 가졌고, 하이즈4) 역시 비록 몸은 도시에 있지만 마음만은 영원히 고향의 보리밭에 머물겠다고 했다.

현대의 생활은 '과거에 익숙하던 사회'에서 '암흑과 광명이 한데 뒤섞여서 넘치는 사회'로 바뀌었고 고향 산천과 풍물 그리고 역사는 우리의 생활 속에서 차츰 사라져가고 있다. 20년 전 하이즈가 '내일 눈을 뜨면 나는 어느 구두 속에 있을까?'라고 의문을 품은 것도 그런 이유이다.

톈허는 나날이 멀어져가는 고향을 마주하면서도 하이즈의 시처럼 전통과 현대의 충돌을 드러내거나 형이상학적 의미를 갖춘 표현이나 시구를 구사하지 않는다. 그는 시공을 멀리 둔 채 아름다운 기억을 찾아다니며 하이즈처럼 사람의 마음을 뒤흔든다. 시집 중 한 권의 제목이기도 한 시 「고향을 부르다」를 살펴보자. '사람들은 고향을 노래하건만 나는 노래를 못하고/ 글은 쓸 줄 알지만 잘 쓰지 못하기에 그저 소리쳐 부른다'라는 시의 서두는 표면상으로는 몹시 서툴러 보이고 전통 시학에서 말하는 서정의 규칙5)에도 부합하지 않지만 실제로는 그 반대

---

표했다. 대표작으로는 『다옌허(大堰河)』, 『베이팡(北方)』, 『우만여우(吳滿有)』 등이 있다.
3) 다옌허(大堰河) : 아이칭의 유모가 자란 마을 이름이며, 유모의 이름이기도 하다. 아이칭은 그녀를 통해 가난한 농민의 현실에 눈을 떴고, 주로 농민에 대한 연민을 노래했다.
4) 하이즈(海子, 1964~1989) : 중국의 시인. 물질적 욕망에 좌우되지 않는 순수한 세계와 자연과 인간의 조화를 주로 표현했다. 200여 수의 서정시와 7부작의 연시 등을 남겼다. 1989년 기차 철로에 누워 자살했다.
5) 시경(詩經)의 대서(大序)에서 말하기를, '사람의 마음에 감정이 일어나면 자연스럽게 말로써 드러난다. 그 말만으로는 부족하니 탄식하고, 탄식만으로도 부족하니 오랫동안 목소리를 길게 뽑아 노래한다. 그래도 또한 부족함이 있으니 어느새 노래에 맞춰 손을 움직이고 다리는 박자를 맞추

이다. 절실함으로 가득한 진정한 표현이고 서투름에 가려진 기교 넘치는 표현이다. 여기서 '부르다'는 아득하고 아름다운 세상 만물을 부른다는 뜻이다. 이는 시인의 감정 표현에 반드시 필요한 요소이기도 하다. 가슴 밑바닥에서 끓어오르는 목소리로 힘껏 불러야만 고향은 부르는 소리를 알아들을 테고, 그제야 오랫동안 격조했던 산줄기, 강 그리고 마을이 보이리라. 그렇게 이야기하는 듯하다.

두견새가 피를 토하며 우는 듯한 「고향을 부르다」 속 시인의 외침은 아이칭의 시 「이 땅을 사랑한다」에서 표현한 고향 땅에 대한 마음을 의문의 여지없이 상기시킨다. 차이점은 있다. 아이칭의 노랫소리에는 고난의 땅에 대한 깊은 슬픔과 희망이 뒤얽혀 있다. 그에 반해 톈허의 시는 현대문명의 노도처럼 밀려오는 고향 땅에 대한 향수와 그에 모순되는 복잡한 심정들로 가득하다. 나긋나긋하고 아름다운 여인 같지만 강철처럼 강고한 물이 흐르는 고향이 있는가 하면, 파도처럼 버글거리며 피어나는 유채꽃이 있고, 순박하고 선량하지만 먼지나 개미처럼 이름 없는 농민들이 있으며, 수줍음에 복숭아처럼 얼굴을 붉히는 소녀가 있다. 이러한 대상은 주인공의 내면세계 중 가장 따뜻하고 향기로운 추억이다. 다른 한편으로는 고난과 숙명처럼 주위를 둘러싼 산길이 있고 '한 면에 어지러이 흩어진 슬픔처럼/우리 일가의 얼굴에 주름을 새긴'(『고향을 부르다』 수록작 「익숙한 곳」) 가을바람이 있다. 이는 현대인으로서 불가피하

---

게 된다.'라고 했다. (저자 주)

게 이별을 고해야 할 대상이며, 은연중에 추구하게 만드는 근본 원인이다. 이러한 면은 어느 누가 읽어도 감동을 금치 못할 「익숙한 곳」이라는 시 한 편에 여지없이 드러난다. 끊임없이 변모하는 사회에 몸담은 현대 중국인들의 대다수는 요람처럼 '익숙한 곳'을 그리워한다. '고지식하게 한 점 꾸밈없이 물에 잠긴 달/소의 등에 놓아둔/어린 시절의 갈대피리 가파른 산길 어디에도/기어 다니는 오래된 세월/어머니가 타이르는 목소리/할머니가 부르는 목소리/흐르는 물 위로 휙 스쳐가는 피붙이의 웃는 얼굴'이다. 그것은 타향살이를 하는 사람 누구나가 품었을 영원토록 사라지지 않을 그리움이자 아픔이며 현대인이 그리워하고 추구하는 대상이다. 고향과 생명이 이토록 가까운데도 현대인들은 현실적으로 여기서 멀어지기를 강요당한다.

'나는 숙명을 어깨에 짊어지고 묵묵히/길을 달릴 뿐이다/고향은 한 구획 또 한 구획/내 등 뒤로 내팽개쳐진다'(「익숙한 곳」)

톈허는 현대인의 고향에 대한 친밀함과 소원함이 뒤섞인 모순된 감정에 깊이 천착했으며 그것을 가시적으로 표현했다. 이는 급변하는 시대에 울려퍼지는 메아리이다.

해설

# 뿌리를 내리고 잎을 무성케 하는 시인, 톈허

한쮜룽(韓作榮)

한 농부의 아들이 시에 깊이 매료되어 빠져든 지 20여 년. 우덩왕(吳燈旺)이라는 이름의 소년은 필명을 '톈허'라 짓고 연달아 10여 권의 시집을 냈다. 최근 몇 년간 연거푸 상을 받으며 더욱 주목을 받고 있다. 작년 9월 인민문학출판사가 출간한 새 시집 『고향을 부르다』는 그의 새로운 창작세계가 높은 경지에 이르렀음을 명확하게 보여주었다.

40여 년 전에 있었던 일을 상기해 보자. 해가 뜨면 일을 하고 해가 지면 쉬어야 하는 가난한 농부가 어째서 갓 태어난 아기에게 덩왕이라는 이름을 지어주었을까? 절약하기 위해 늘 고심

해야 하는 가난한 농가에 등유(燈油)는 어떤 의미일까? 기름등은 일부러 끄지 않는 이상 점점 더 불빛이 강해진다. 무릇 부모는 자식이 어려운 환경에서도 잘 견디고 등불 아래에서 열심히 공부하기를 진심으로 기원할 것이다. 흙에 고개를 숙이고 하늘을 등진 채 힘겹게 일하는 생활에서 벗어나기를 염원할 것이다. 일찍이 고향을 떠나 현청소재지에서 오랫동안 지내온 아들은 아버지가 흙으로 돌아간 후에 자신에게 톈허(田禾)라는 이름을 붙였다. 논밭의 벼라는 뜻이다. 자신은 여전히 농지의 작물이라고 선언했다.

그렇다. 무수히 많은 시인과 작가들이 고향을 떠났을지라도 그곳은 여전히 생명의 근원이요 창작의 원천이다. 중국의 현대문학사에 남은 다수의 명작은 고향 마을에서 익힌 언어로 쓰였다. 이것은 오랜 옛날부터 내려온 중국의 농업문명뿐 아니라 시인과 작가의 출신지와도 관계가 있다. 고향이란 그들의 정신과 피에 스며들어 자연스레 혈육과 이어지는 농밀하고 강렬한 감정이다. 그 속에는 생생히 살아 숨쉬는 세부적인 이야기와 인물상이 내포되어 있다.

톈허의 시는 「감자가 흙 속에서 자란다」(『고향을 부르다』 수록작)에서처럼 고향 땅에 뿌리를 내림으로써 뿌리가 뻗어나가고 잎이 무성히 자라며 가지가 휘도록 열매를 맺는다. 이 열매는 흙냄새를 머금어 싱싱하고 웅장하며 자연스럽고 성실하다. 도시에 사는 사람들에게 곡물과 채소는 입맛대로 골라서 사 먹는 식품이지만 그에게는 농부가 젖 먹던 힘까지 쏟아 부은 '땀 혹은 고난'(「볍씨 한 톨」)이다. 곡물 한 톨은 하나의 생계와 다름없고 농부에게는 생명과도 같다. 고향 땅에 뿌리를 내리고 생명과 토지를 하나로 결속시킨 그의 창작방식은 신향토시(新鄉土詩)의 근간을 이루는 특징이기도 하다.

이렇듯 톈허와 고향 마을은 혈연관계와도 같아서 그의 시선은 응당 마을 사람들과 토지에서 벌어지는 민감한 부분에까지 이른다. 그는 쓴다. 자신의 친족, 아버지, 사촌형과 둘째 숙모, 넷째 할머니, 아들의 행복한 새색시, 어린 시절의 아버지와 늙은 대장장이에 대해 쓴다. 밭 한구석의 항아리, 산사(山寺), 유채꽃, 8킬로미터의 산길에 대해 쓴다. 객지에 돈 벌러 온 노동자들을 위한 식당, 탄광 사고, 벽돌 쌓는 인부 그리고 미친 여자에 대해서도 쓴다. 그는 쓴다. 휘어진 가지, 굶주린 돌, 변방의 초원, 석양, 가을바람, 눈, 비 그리고 시마반(西馬坂) 언덕의 황혼에 대해서도 쓴다. 이들은 단순히 풍속화 식 묘사나 전원시와 같은 심미적 차원의 즐거움을 주고자 동원된 소재가 아니다. 그가 다루는 내용은 농부의 숙명이자 처지이다. 가슴 찢어지는 감정이다. 그는 단순히 풍경을 감상하는 사람이나 민요 채집자가 아니라 그곳에서 태어나 그곳에서 자란 사람이다. 그 속에 몸을 두고 땀을 흘리며 숙명에 대항하는 사람이기에 그의 시에는 삶의 깊이와 폭넓은 감정이 내포되어 있다.

물론 이러한 시상(詩想)만으로 시인이 되기는 어렵다. 시와 일상생활을 대하는 예리함, 깊은 이해력과 절제된 표현이 필요하다. 또한 예술적으로 충분한 준비를 하고 선인들이 일구어놓은 성과를 받아들여 기초를 닦은 뒤 자신만의 창작의 길을 개척해야 한다. 이는 시인 스스로가 차근차근 모색해 나가야 할

점이다. 때로는 휘청거리면서도 각고의 노력을 거듭해야만 성숙의 경지에 다가간다. 소박함에서 심오함으로, 서투름에서 경쾌함으로.

텐허의 신향토시에 나타나는 예술적 특징은 심오하면서도 활기가 넘친다. 피상적이거나 주관적인 서정도 아니고 순수하게 객관적인 묘사도 아니다. 그의 시는 현실을 깊이 이해하고 있다. 그 속에서 우러난 자신의 독특한 어조로 독자들에게 호소한다. 텐허의 시를 읽노라면 순박하고 말수 적은 농촌 사람들과 격의 없이 이야기를 나누는 듯하다. 하지만 이내 겉보기와는 다른 총명함과 진지한 태도, 정신적인 충격을 감지한다. 그는 고작 20행으로 아버지의 일생을 세 가지 모습으로 그렸다. 일평생 의자에 앉아본 적이 없는 아버지는 늘 서 있거나 쭈그리고 앉아 있을 뿐이다. 쭈그리고 앉아 밥을 먹고, 담배를 피우고, 생각을 하고, 밭에 있는 완두콩 싹과 콜리플라워를 지그시 바라본다. 그리고 서서 하늘을 보고, 얘기를 하고, 고된 육체노동을 했다. 몸을 누이신 건 영원히 세상을 떠나던 그때뿐이었다. 언뜻 생활습관처럼 보이지만 이러한 습관의 배후에는 까닭이 있다. 생존을 짓누르는 오만 가지 압력이 겹겹이 쌓여 있기 때문이다. 표정이나 목소리에는 드러나지 않지만 텐허의 호소에는 풍부한 심적 축적과 내면의 아픔이 함축되어 있다. 아버지에 관한 시 「산길 8킬로미터」(『고향을 부르다』 수록작)에서 아버지가 8킬로미터를 걸었다고 하는 시구는 숙명과 고난의 순환을 상징한다. 탄광 노동자를 '석탄에 둘러싸여 살아가고/검정에 둘러싸여 살아간다 검정보다도 더 검다'(『고향을 부르다』 수록작 「탄광 갱부(坑夫)」라고 표현한다. 「탄광 사고」에서도 '광부 213명이/3천 미터 깊이의 캄캄한 갱도 밑에 묻히고 말았다'라고만 썼다. 땅을 파던 사람들을 '사라진 213개의 칸델라다/ 눈앞에 벌어진 탄광 사고, 한 번의 사고 3만 위안/1억 년 후의 석탄'이라 표현했다. 이쯤에서 갑자기 펜을 멈춘다. 주저앉아 목청을 높여 통곡하지 않는다. 탄광주를 원망하지도 질타하지도 않는다. 사건 자체를 도드라지게 하여 마음에 호소할 뿐이지만 외려 독자에게 주는 충격은 더욱 강하다.

텐허의 심오하면서도 활기 넘치는 호소력, 특히 시골 마을 특유의 정경을 구체적으로 묘사하는 방식은 생기가 넘치며 신선하다. 마치 한 폭의 선명한 그림을 보는 듯하다. 예컨대 '엄마는 먼 곳을 바라보며/손 언저리의 치맛자락을 붙잡고/눈물을 훔쳤다'(『고향을 부르다』 수록작 「아명(兒名)」), '그의 밥그릇에는/장아찌와 무 그리고/두 조각 설익은 빨간 피망이 들어 있다'(「객지에 돈 벌러 온 노동자 식당을 지나가다」), '암탉이 죽어/어머니는 눈이 퉁퉁 붓도록 울었다'(『고향을 부르다』수록작 「깊은 산 속」), '녹슬고 무딘 쟁기 날은/필경 비쩍 마른 소보다도 무디겠지'(『고향을 부르다』 수록작 「4월」)와 같은 시구에 보이는 섬세한 서술을 통해 작은 비유로 큰 세계를 만들어낸다. 문학의 배후에는 언어로 표현하지 않은 무수한 이야기가 포함되어 있기에 마을 생활을 누구보다도 속속들이 잘 알고 있는 사람만이 이를 묘사해낼 수 있는 것이다.

신향토시로서 그의 시가 지닌 또 다른 특색은 현실에 뿌리내린 시 세계에 현대적인 울림이 녹아들었다는 점이다. 이는 전통적인 향토시와 확연히 구분된다. '나는 본다 문간의 밤이 바람에 날려/가을보다도 매정해지는 것을'(「바람이 불었다」), '기적은 메아리를 길게 늘이며/밤의 전반부를 싹둑 잘라 내지만/후반부는 아직 달빛에 싸여 있다'(「기차가 마을을 통과한다」), '산사에는 종소리만 쌓여간다'(『고향을 부르다』 수록작 「산사(山寺)」), '파도처럼 물결치는 유채꽃이/마을의 산비탈을 타고 흘러내려온다'(「유채꽃」), '가난은 매우 크고/그는 매우 작다'(『고향을 부르다』 수록작 「짐수레가 언덕을」) 등의 무거운 감각과 정서의 창조는 직관과 착각의 교차가 형성하는 감각에 의해 청각과 시각 사이의 벽을 허문다. 그리하여 암시를 중시하는 상징시의 창작법이 현실에 대한 세밀한 관찰 속에서 적확하고 자연스럽게 구사된다. 이런 점들이 그의 향토적 창작에 새로운 문학적 특질을 불어넣는다.

신향토시 창작 분야에서는 허베이 성(河北省)의 야오전한(姚振函)이 최초로 바람을 일으킨 후로 바이롄춘(白連春), 장페이(江非), 장이랑(江一郎) 등이 신향토시 분야에서 한 획을 그었다. 많지 않은 신향토시 시인들 중에 톈허가 맹활약을 하리라 굳게 믿는다.

---

1) 해설 출전 : 두 편 모두 중국작가협회 기관지 『원이바오(文藝報)』 2007년 8월 23일자.

인터뷰

# 고향을 부르다,
# 마음속 희로애락을 외치다
### ─루쉰(魯迅)문학상 시가 부문 1위 수상자, 텐허 독점 인터뷰[1]

    12월 9일부터 11일까지 진화(金花) 호텔에서 '2007년『창장문예(長江文藝)』─"황스츠후(黃石磁湖)의 꿈" 문학논단'이 열렸다. 기자는 10일 밤 행사장을 찾아 후베이 성 출신이자 제4회 루쉰문학상 수상자 텐허 시인을 취재했다.
    삼 년 만에 고향을 찾은 텐허 시인은 오랜만에 만난 사람들과 고향 이야기를 나누며 흥분을 감추지 못했다. 그의 시에 대한 비평은 인터넷에서 쉽게 찾아볼 수 있으므로 이번 취재에서

---

[1] 황스 시(黃石市) 뉴스 사이트에『둥추완바오(東楚晚報)』신문 기자와 텐허의 인터뷰 기사가 실렸다. 기사의 제목은「고향을 부르다, 마음속 희로애락을 외치다─루쉰(魯迅)문학상 시가 부문 1위 수상자, 후베이가 낳은 시인 텐허 독점 인터뷰」이다.

는 그의 인생 역정에 초점을 맞추었다. 톈허는 "저희 집안의 부끄러운 내력을 허심탄회하게 이야기해 봅시다."라며 웃었다. 그동안 다른 매체들이 거의 다루지 않았던 그의 '희로애락' 인생사를 들어보았다.

♣ 고전시(古典詩)와 대련2)을 사랑한 소년

질 문 : 안녕하십니까. 이번에 루쉰문학상을 수상하셨는데, 후베이 성이 배출한 시인으로서 성 전체는 물론이고 황스 시의 자랑입니다. 수상 소식을 듣고 놀라지 않으셨는지요?

톈 허 : 조금 놀라긴 했지만 무척 감격스러웠습니다. 8월 말에 후베이 성 작가협회에 작품을 보냈는데 10월에야 수상 소식을 들었습니다. 10월 말에는 루쉰의 고향에서 열린 시상식에도 참석했습니다. 원래는 11월에 황스를 방문할 예정이었습니다. 그런데 수상 소식이 알려지자 여기저기에서 인터뷰 요청이 들어오는 바람에 계속 미루고 있다가 이번 문학논단을 기회로 황스에 왔습니다. 덕분에 오랜만에 친한 친구들도 만났습니다.

지금까지 여러 해 동안 시를 써오면서 많은 친구들에게 응원을 받았습니다. 그들에게 늘 감사할 따름입니

---

2) 대련(對聯) : 명절이나 경조사가 있는 날에 기둥이나 벽에 써 붙이는 글귀. 두 구가 대구를 이루도록 쓴다. 영련(楹聯)이라고도 한다.

다. 시를 쓸 때 염두에 두는 점은 오직 하나입니다. 제 마음이 외치는 소리에 귀를 기울이는 것입니다. 상을 받고 못 받고는 그다지 중요하지 않습니다. 지금까지 얼마나 많은 상을 받았는지도 그다지 관심을 두지 않습니다. 다만 평생 시와 벗하며 진정한 의미의 좋은 시를 쓰고 싶습니다. 이로써 친구들과 시가(詩歌)에 보답할 수 있다면 그것으로 충분합니다. 저를 지지해 주고 도와주신 제 친척들과 친구들에게 진심으로 감사의 뜻을 전하고 싶습니다. 여러분, 새해에도 건강하시고 언제나 좋은 일만 가득하시길 빕니다!

질 문 : 시는 언제부터 쓰기 시작하셨는지요?

톈 허 : 학교 다닐 때부터 중국 고전시가인 구체시(舊體詩)를 비롯해 각종 행사의 인사말, 대련 등에 관심이 많았습니다. 그 당시 시골에서는 혼례나 장례가 있을 때마다 대부분 집 현관에 대련을 붙였습니다. 그걸 제가 도맡아 쓰곤 했지요. 대련을 쓰게 된 데는 학창 시절에 저를 지도해주셨던 선생님 두 분의 영향이 큽니다. 초등학교 4학년 때의 주젠궈(朱建國) 선생님과 중학교 1학년 때의 천추신(陳出新) 선생님입니다. 두 분 모두 구체시 애호가셨습니다. 그분들께서 구체시의 형식과 규칙, 압운(押韻)의 형식을 가르쳐 주셨습니다.『시싸이산스츠(西塞山詩詞)』를 통해 12편의 대련을 발표하기도 했습니다. 당시에는 '우궈창(吳國强)'이라는 학

명3)을 썼습니다.

두 분의 지도 아래 저는 시 창작의 기초를 다졌습니다. 그때 배운 내용이 지금까지도 큰 도움이 되고 있습니다. 1996년 춘절이었습니다. 제가 '우한팡위안(武漢方圓)'이라는 회사를 운영할 무렵이었는데, 아내가 대련을 하나 써달라고 하더군요. 저는 단숨에 써내려갔습니다. "글은 자핑와4)에게 배우고 장사는 가까운 이웃의 주변에서 해라"였습니다. 이걸 보고 『창장문예』의 부편집장 류이산(劉益善) 씨가 아주 잘 썼다며 칭찬해 주던 기억이 납니다.

대련 이야기를 하니 일화가 하나 떠오릅니다. 대련에 관한 일이라면 아주 세세한 것까지 다 기억하거든요. 우리 마을에 결혼을 앞둔 남녀가 있었습니다. 신랑의 이름은 궈량(國良), 신부의 이름은 차이샤(彩霞)였습니다. 그때 제가 18세였으니까 중국 정부가 막 개혁개방정책을 실시했을 무렵이었습니다. 개방의 기쁨에 한껏 들떠 있던 저는 "나라는 부유하고 백성은 강인하니 논밭은 황금빛으로 물들고 이른 아침에 귀한 연분이 맺어지니 부부의 방은 밤마다 아침놀과 저녁놀로

---

3) 학명(學名) : 중국에서 어린아이가 초등학교 입학 때부터 사용하는 정식 이름.
4) 자핑와(賈平凹, 1952~ ) : 중국의 소설가. 중국 산시 성(陝西省) 출생. 1960~1970년대의 격동하는 중국의 역사에서 부조리한 현실에 놓인 민족, 개인의 자아와 실존 문제를 소설로써 탐구하였다. 중국 국내외에서 2012년 노벨 문학상 수상자 모옌(莫言, 1955~ )과 쌍벽을 이루는 작가라 평가받는다.

물들리라"라는 대련을 썼습니다. 그것을 좋게 봐 주서서 저는 그 결혼식의 진행까지 맡았습니다. 만약 제가 마을을 떠나지 않고 거기서 쭉 마을 경조사를 도맡았어도 꽤 수완을 발휘했을 겁니다.

♣ 현대시로 이끌어준 두 사람

질 문 : 현대시의 길로 접어든 계기는 무엇입니까?

텐 허 : 그에 관해서는 두 분 스승의 이야기를 빼놓을 수 없습니다. 늘 감사하게 생각하는 분들이지요. 한 분은 사촌 형 우멍(吳蒙)이고 다른 한 분은 라오칭녠(饒慶年) 선생님입니다. 선생님은 갈 곳 없는 저를 거둬주시기까지 했는데 그 댁에서 먹고 자며 가르침을 받기도 했습니다.

사촌 형 우멍은 현재 다예 시(大冶市) 회계검사국 부국장으로 재직 중입니다. 어렸을 때부터 저와 사이가 좋아 같이 놀기도 하고 허물없이 대했습니다. 우멍은 그 당시 장산우춘(張山吳村)에 단 하나뿐인 중등전문학교 학생이자 문학 소년이었습니다. 어느 날 형이 현대시를 써보라고 권유하더군요. 구체시의 전성기는 당나라 때 이미 끝났으니 앞으로는 현대시가 주목받을 거라고 말입니다. 제가 살던 마을은 외부와의 교류가 거의 없는 깊은 산속이라 읽을 만한 책도 없고 구하기도 힘들었습니다. 6, 7킬로미터 떨어진 읍내까지

나가 책을 빌리거나 신문을 구해 읽는 게 고작이었습니다. 가끔 우멍이 현청(縣廳)이 있는 소도시에서 돌아오는 길에 몇 권씩 책을 가져다주곤 했습니다. 1984년 10월에 문학지 『스칸(詩刊)』이 '스칸사(詩刊社) 전국청년 시가통신교육학원'을 설립하고 제1기생을 모집했습니다. 그 소식을 들은 우멍이 제게도 알려 주었고 우리는 그 자리에서 의기투합하여 굳은 결의를 다지며 거기에 참가하였습니다. 저는 그때부터 『스칸』의 내부간행물인 『웨이밍스런(未名詩人)』을 통해 바깥세상의 여러 소식들을 접했고, 이를 바탕으로 현대시를 습작하기 시작했습니다.

1985년에 저는 밥벌이를 위해 우한으로 가기로 결심했습니다. 그러던 중 마침 『웨이밍스런』에서 '후베이성 청년시가학회'가 출범한다는 소식을 듣고, 바로 마음을 바꿔 그곳으로 가서 허드렛일이라도 하기로 작정했습니다.

질 문 : 그곳에서 두 번째 스승을 만나셨군요?

텐 허 : 그렇습니다. 그분과의 첫 만남은 지금 생각해도 참 신기합니다. 그날 저는 길을 헤매다 우여곡절 끝에 싼관뎬(三官殿)까지 흘러갔습니다. 당시 시가학회 회장이었던 라오칭녠 선생님 댁은 푸치(蒲圻)에 있었습니다. 그런데 이게 웬일입니까. 마침 그 근처에서 볼일을 보고 돌아가던 선생님과 딱 마주친 겁니다. 저는 단번에

선생님을 알아보았습니다. 간행물에 실린 사진을 본 적이 있었기 때문입니다. 당시 제 몰골은 거지가 따로 없었습니다. 남루한 옷차림에 여기저기 벗겨진 인조 가죽 가방을 메고 있었거든요. 저는 다짜고짜 선생님께 "처음 뵙겠습니다. 라오 선생님." 하고 인사를 했습니다. 선생님이 저를 아래위로 찬찬히 훑어보시더군요. 제가 "선생님의 팬입니다. 선생님 밑에서 일하고 싶습니다."라고 말씀드리자 선생님은 "우리 학회에는 사람이 필요 없는데."라고 대답하셨습니다. 저는 간절한 마음으로 "2분만 제 얘기를 들어 주십시오."라고 간청했습니다. 그러자 선생님이 저더러 집으로 들어오라고 하시더군요. 사실 그때 저는 3000위안의 빚을 졌고, 약혼자에게는 파혼을 당한 처지였습니다. 하지만 그런 얘기는 꺼내지 않았습니다. 대신 "저는 시를 사랑합니다. 하지만 지금은 무엇보다 일자리가 간절합니다."라고 말씀드렸습니다. 선생님은 한참을 망설이다가 "알았네. 하지만 급료는 주지 못하네."라고 말씀하시더군요. 저는 얼른 "상관없습니다. 재워주시는 것만으로 충분합니다."라고 대답했습니다. 라오 선생님의 허락을 얻어 저는 그때부터 선생님 댁에서 기거를 했습니다. 침대를 들이고 약간의 일용품을 사고 나니 수중에 몇 십 위안밖에 안 남더군요. 그날부터 3개월 동안 하루에 만터우 찐빵 다섯 개와 맹물 몇 잔으로 버텼습니다. 그 후 빚에 대해 털어놓자 선생님은 너그럽게 "그게 뭐 대수인가."라고 응대해 주시더군요.

♣ 자신이 세운 공장이 사기로 넘어가다

질 문 : 시인께서는 고향을 떠나 우한에서 새로운 생활을 시작하셨는데요. 그 이유는 무엇입니까?

톈 허 : 저는 가난한 집안에서 태어나 중학교도 마치지 못하고 중퇴했습니다. 그 후 마을에 있던 농기구 공장에서 5년간 주물공으로 일했습니다. 1984년, 그러니까 아직 농기구 공장이 망하기 전의 일입니다. 당시 배달을 다니다가 다예농기구회사라는 곳의 업무 책임자를 알게 되었습니다. 저는 그때 여전히 생활이 안정되지 않아 장래가 불안한 상황이었습니다. 농번기에는 사람들을 그 책임자의 집에 데리고 가서 모내기를 도왔고, 새해에는 꼭 그의 집에 찾아가 인사를 했습니다. 제가 일하던 농기구 공장이 문을 닫은 후 저는 3000위안을 융자 받아 조그만 주물 공장을 시작했습니다. 이자가 매월 90위안이었으니 금리가 상당히 높았습니다. 수도관 이음장치나 패킹 따위를 만드는 공장이었는데 품질만큼은 자신이 있었습니다. 맨 처음 납품한 곳이 그 책임자의 회사였습니다. 그는 물건을 확인한 후 즉시 1300위안을 지불해 주었습니다. 당시로서는 상당한 금액이었습니다. 그러던 중 그 책임자는 근무지가

바뀌어 다른 지역으로 떠났습니다. 납품이 채 다 이루어지지 않은 상황이었습니다. 후임자는 계약이 아직 남았으니 계속해서 납품을 하라더군요. 그렇게 두 번째 납품을 준비하던 때였습니다. 갑자기 후임자가 저희 제품의 품질이 기준 이하라며 더는 납품하지 말라고 했습니다.

거래처가 끊기자 더 이상 공장을 운영할 방도가 없었습니다. 개당 품삯만 1위안 3자오인 제품들이 하루아침에 고철더미로 전락했습니다. 그러던 중에 거래처의 현장감독이 찾아와 못쓰게 된 제품들을 자신에게 고철로 팔라고 하더군요. 별 도리가 없으니 그렇게 했습니다. 고철 가격이 한 근(500그램)에 1자오 남짓이었는데 그가 특별히 한 근당 2자오를 쳐 주겠다고 하더군요. 그래봤자 총 200위안이 안 되는 금액이었습니다. 그런데도 저는 값을 잘 쳐주어 고맙다고 말할 수밖에 없었습니다.

질 문 : 그 현장감독을 원망하셨나요?
텐 허 : 젊은 혈기 때문이었을까요. 생각할수록 화가 치밀었습니다. 아무리 생각해도 뭔가 수상쩍은 생각이 들더군요. 사흘 뒤 다시 다예농기구회사에 가보니 저희 공장 제품들이 쌓여 있지 뭡니까. 그제야 사기를 당했다는 사실을 알았습니다. 그 책임자에게 한바탕 소리를 지르며 대거리를 한 뒤 바로 간단한 짐만 꾸려 우한으

로 떠났습니다.

♣ 두 번이나 물에 빠져 죽을 결심을 하다

질 문 : 그래서 고향을 떠날 결심을 하셨군요. 혹시 다른 이유는 없었습니까?

텐 허 : 결정적인 계기가 또 하나 있었습니다. 제품을 고철로 팔아넘긴 뒤 다시 농기구회사에 가보기 전이었습니다. 당시 큰 실의에 빠져 있던 저는 답답한 마음에 점을 치러 동팡산5)에 갔습니다. 점괘를 뽑았는데 어안이 벙벙하더군요. 점괘가 당시 제 상황과 신통하리만큼 맞아떨어지는 겁니다. 거기 적힌 구절 몇 개는 아직도 기억이 납니다. "몸은 진흙탕에 잠기고 바닷물 속에 누웠어도 우물을 뒤로하고 고향을 떠나야만 묘를 얻느니라. 봄 천둥이 울어 움직일 때를 기다리면 때가 되어 입신양명하고 구중궁궐에 들어가리라." 그때 결심했습니다. 우물을 뒤로하고 고향을 떠나자. 우한으로 가서 살길을 찾아보자고 말입니다.

질 문 : 그렇게 떠난 우한에서 또 다시 어려운 일을 겪으셨다고요?

텐 허 : 그렇습니다. 우한에 가서는 딴 생각 하지 않고 착실하

---

5) 동팡산(東方山) : 중국 후베이 성 황스 시 서부에 위치한 산이다. 해발 475미터로 후베이 성의 유명한 종교문화 관광지이다.

게 일만 했습니다. 밤에는 쇠그물 침대에서 웅크려 자고, 물과 만터우로 매 끼니를 때웠습니다. 그래도 학회 공금에는 동전 한 닢 손대지 않았습니다. 힘들다고 않는 소리도 내지 않았습니다. 한 달 내내 만터우만 먹고 버티려니 정말이지 고통스러웠습니다. 하지만 일하는 짬짬이 책상 앞에 앉아 시 쓰는 일을 거르지 않았습니다. 방 한구석에 틀어박혀 아침부터 밤까지 열중해서 한 자 한 자 써내려갔습니다. 그러던 어느 날 어떻게 찾아냈는지 빚쟁이들이 들이닥쳤습니다. 담보를 설정해서 무슨 일이 있어도 2년 안에 빚을 갚으라고 독촉했습니다. 그때 저는 인간의 냉혹함과 고달픈 생활 앞에서 완전히 절망하고 말았습니다. 결국 저는 스스로 목숨을 끊기로 마음먹었습니다. 한 번은 동호(東湖)에, 또 한 번은 창강(長江)에 갔습니다. 그런데 뛰어들려는 순간마다 키워주신 부모님 생각이 나는 겁니다. 죽을 때 죽더라도 부모님께 은혜는 갚고 죽어야겠다는 묘한 오기가 생겼습니다. 그렇게 두 차례 호수와 강에 죽으러 갔다가 고향에 계신 부모형제를 떠올리고 마음을 바꿨습니다. 밤이 깊도록 물가에 홀로 하염없이 앉아 있다가 돌아왔습니다.

제가 묵묵하게 열심히 일하는 모습을 보신 라오 선생님이 3개월 뒤부터는 그동안 책임감 있게 잘 해주었다며 앞으로는 50위안씩 월급을 주겠노라고 하셨습니다. 그 돈을 밑천으로 생활을 꾸려나갔습니다. 거기에 시를 써서 받은 원고료를 합하니 차츰 생활이 나아지기 시작했습니다. 물론 빚도 차근차근 다 갚았습니다. 1988년 무렵에는 시가협회가 잡지 등록번호를 취소당할 뻔한 위기에서도 벗어나 안정되게 출범을 했습니다. 이와 더불어 제가 할 일도 없어졌고 시가학회에서의 제 아르바이트 생활도 끝이 났습니다.

♣ 사업으로 가정이 여유로워지다

질 문 : 우한에서 회사를 시작하셨다고 들었습니다.
톈 허 : 1996년 후베이 성 작가협회에 '팡위안문화공사(方圓文化公司)'가 생겼고, 나는 이 공사의 경영을 맡게 되었습니다. 그때까지 저는 책과 달력을 팔아서 생활을 했습니다. 나중에는 서점도 열었습니다. 저의 노력으로 회사는 좋은 성과와 이익을 냈고 제 생활도 180도 달라졌습니다. 결혼도 하고 집도 샀습니다. 말 잘 듣는 착한 아이들도 얻었습니다. 낮에는 일하고 밤에는 향토시를 쓰는 생활을 계속했습니다. 그렇게 13년 동안 싼관뎬에서 생활했습니다. 그곳은 이제 저에게 제2의 고향입니다.

질 문 : 어떻게 전업 시인이 되셨습니까?
톈 허 : 저는 평범하고 가난한 서민입니다. 무언가를 이루려면 스스로 노력하는 길밖에 없습니다. 저는 이미 마흔

을 넘었습니다. 가정환경도 불우했습니다. 제가 두세 살 무렵 어머니는 정신분열증을 앓았습니다. 할머니는 눈이 안 보이셨습니다. 저는 중학교도 못 마치고 중퇴했습니다. 그 뒤 병치레를 하던 셋째 남동생은 병원비가 없어서 죽었습니다. 머지않아 둘째 남동생이 정신병에 걸려 실종되었고, 넷째 남동생은 열두 살에 물에 빠져 목숨을 잃었습니다. 1990년 1월 9일 아버지 역시 고향에 있는 황진호(黃金湖)에서 고기를 잡다가 물에 빠져 돌아가셨습니다. 12년 전 저는 후베이성 작가협회로 거처를 옮긴 뒤로 전국 200여 개의 정기간행물에 2000편 가까운 시를 발표했고 그중 150여 편이 전국 주요 교과서에 실렸습니다. 『고향을 부르다』를 비롯하여 9권의 시집을 출간했으며, 전국 문학상 시가부문에서 20여 개의 상을 받았습니다. 이러한 성과를 인정받아 1997년에 후베이 성 작가협회의 회원이 되었습니다. 그 후 2005년부터 전업시인으로 활동하고 있습니다.

질 문 : 선생님의 운명이 바뀐 것은 스스로 노력한 결과입니까 아니면 시 덕분입니까?

톈 허 : 저는 행운아였습니다. 저는 운명보다는 노력의 힘을 더 믿습니다. 노력한 만큼 반드시 보상이 주어집니다. 그저께 다시 동팡산에 올랐습니다. 예전의 그 점괘 내용을 다시 찾아보려 했는데 아무리 찾아봐도 안 보이

더군요. 그곳 도사님이 말하길 오랜 세월이 지나 없어 졌거나 점괘의 내용이 일부 바뀌었을 것이라고 했습니다. 그래서 새롭게 점괘를 뽑았습니다(가방 여기저기를 뒤지더니 점괘를 꺼내어 기자에게 보여주었다). "만약 공명을 논하자면 조화롭도다, 음양과 풍수가 더불어 빈틈없나니 문도무략을 하루아침에 펼친다면 풍운을 호령하고 뜻을 이루리로다." 이것도 꽤 좋은 점괘입니다. 시는 저처럼 평범한 농부를 전업시인으로 만들어 주었습니다. 그러니 시가 제 운명을 바꾸어 준 겁니다. 감사할 따름입니다. 시를 쓴 덕에 제 생활과 운명이 바뀌었습니다. 저를 농촌에서 대도시로 끌고 나온 것도 시입니다.

시는 제게 즐거움과 행복, 끝없는 기쁨을 선사했습니다. 또 지혜와 삶에 대한 용기, 자신감을 주었습니다. 지금도 많은 시인들이 농촌에서 논밭을 갈고 있습니다. 시를 쓴다고 해서 반드시 그들의 운명이 바뀌지는 않습니다. 때로는 불행을 초래할 수도 있습니다. 저는 운이 좋아 시의 덕을 봤을 뿐입니다. 저는 시를 위해서라면 어떠한 희생도 감내할 것입니다.

질 문: 황스 시의 시단(詩壇)을 어떻게 보십니까?
텐 허: 시 쓰는 이들 중에 제가 가장 먼저 교류한 사람들이 리성가오(李聲高), 자다이원(査代文), 차오수잉(曹樹瑩), 후샤오광(胡曉光), 황징(黃荊), 샹톈샤오(向天

笑), 류유춘(劉幼春)입니다. 이들은 기본적으로 향토를 소재로 시를 씁니다. 차오수잉과 샹톈샤오 같은 시인들은 꾸준히 창작에 전념하며 문필 활동을 해왔습니다. 그들의 시에는 향토가 마치 한 몸처럼 자연스레 녹아들어 있습니다. 더 나아가 현대의 견지에서 현대의 시선으로 향토를 보고 현대의 생활을 꿰뚫어봄으로써 현대의 마을을 시에 반영합니다. 황스는 오랫동안 후베이 시단 내에서 중요한 역할을 해왔습니다. 시에서 핵심 도시라는 뜻입니다. 황사쯔(黃沙子)와 장쉐(江雪), 창핑(昌平) 등 젊은 시인들의 활동도 왕성합니다. 그런 의미에서 황스 시단은 아주 희망적입니다.

# 출전일람

『고향을 부르다』

갈대늪, 우리 유모, 고향을 부르다, 돌을 그리다, 비를 긋는 풍경, 석양, 질그릇, 휘어진 가지, 넷째 할머니가 돌아가셨다, 미친 여자, 객지에 돈 벌러 온 노동자 식당을 지나가다, 기차가 마을을 통과한다, 바람이 불었다, 거침없이, 볍씨 한 톨, 유채꽃, 여름 밭 한구석의 항아리, 살구꽃, 탄광 사고, 땅, 텃밭

『들판의 해바라기』

송강, 중년 농부, 개 짖는 마을, 춘삼월, 복원, 고난, 아침밥을 사러 나온 객지에 돈 벌러 온 노동자, 아담한 집을 갖고 싶다, 조각배를 타다, 헤이투, 채광기와 두 장, 어느 작은 마을의 오래된 거리

『집에 가는 길』

유수, 포도덩굴시렁 아래, 집에 가자, 형제의 분가, 물고기 양식, 오늘밤에 뜬 달, 사촌 누이 튀튀핑, 오후, 여러 마을을 다녀왔다, 오지그릇, 장작 패는 큰형, 고구마 캐는 노인, 그때 나는 아직 어렸다, 장한평원, 아궁이, 황학루에 오르다, 초원의 밤, 나무 심기, 바다 위의 어화, 해바라기, 복숭아꽃 마을, 가

오핑의 마을에 머물다, 종, 길을 쓰는 레이오프 여성노동자, 석탄장수 노인, 집에 가는 길, 맞은편 공사현장의 피리소리, 절름발이 추 씨, 선농타이의 안개, 선녀산 초원, 벼랑가 오두막집, 옷 짓는 할머니

『시가월간(詩歌月刊)』 2012년 제6호
산에 오르다, 내년

옮긴이의 말

# 고향을 향해 소리치면 고향이 메아리로 화답한다

한성례

　톈허는 중국을 대표하는 '향토시(鄕土詩)' 시인이다. 향토시란 농촌, 어촌, 방목지대를 포함하여 생활, 정서, 풍경 등을 주제로 하는 시 장르이다. 중국 각지에서 수많은 시인들이 향토시를 쓴다. 그만큼 작품의 저변이 넓지만 의외로 정상급 작품은 그다지 많지 않다. 그런 점에서 톈허는 내륙 깊숙한 곳에서 살아가는 사람들의 고달픔과 비애, 따뜻함과 그리운 기억을 통해 향토시의 정수를 보여준다.
　톈허는 자신이 나고 자란 고향 마을에서 시를 쓰지는 않았다. 우한(武漢)이라는 대도시에서 주로 시 창작을 했다. 그는 원래 마을에 있는 농기구 공장과 자신이 창업한 주물공장에서 주물공으로 일했다. 그러던 중에 사기를 당해 큰 빚을 지고 1985년에 우한으로 간다. 입에 풀칠이라도 하자는 심정이었지만 가슴에 품고 있던 시에 대한 갈망도 컸다. 고향에서도 시를 썼지만 이번 시선집에 수록된 시들은 모두 우한에서 쓴 작품이다. 그렇다고 톈허의 시를 단순히 망향시로 보아서는 안 된다. 물론 전원시와도 확연히 구분된다.

우한에서 보낸 생활은 고달팠다. 톈허는 도시에서의 생활이 힘겨울 때마다 아버지와 어머니를 비롯한 혈육, 고향 사람들, 어렴풋한 고향 풍경과 그곳에서 있었던 일들을 떠올렸다. 더 나아가 도시 속에서 고향을 찾아내려 했고, 도시 속으로 고향을 불러들이고자 했다. 이처럼 시인이 부르는 소리와 고향이 대답하는 소리, 그 경계에서 시가 찾아왔다. 이 시선집에 수록된 시들이 그렇게 탄생했다.

톈허의 시에는 두 개의 목소리가 교차하고 있다. 그가 소리 높여 고향을 부르면 고향은 메아리로 화답한다. 그러다보면 어느새 고향이 선명하게 다가온다. 그의 시는 노래라기보다는 부르짖음에 가깝다. 또한 톈허의 시는 회상과 외침이라는 두 개의 얼굴을 가졌다. 그의 시를 읽으면 반갑고 정겹지만 한편으로는 세상의 고달픔과 애처로움에 가슴이 먹먹해진다. 이 두 감정이 끊임없이 시 구석구석에 녹아 있다.

톈허의 시는 정경이 눈앞에 펼쳐진 듯 생생하고, 세밀한 묘사와 선연한 스토리로 가득하다. 고향에서 들려오는 소리에 필사적으로 귀 기울였을 때만 가능한 일이다. 그에 더해 무한한 상상력과 상징성, 뛰어난 언어의 구사, 당시(唐詩)를 읽는 듯한 대구(對句)의 완성 등은 그의 시를 향토시에만 머무르지 않는 최고의 예술 시로 올려놓았다. 요컨대 중국 전통시의 원칙을 고수하면서도 현대시의 새로운 경지를 개척한 시인이다.

최근 중국의 도시 인구가 전체 인구의 절반을 넘어섰다고 한다. 늘어난 도시 인구의 대부분은 돈을 벌려고 농촌을 떠나 도시로 이주한 노동자들이다. 주로 내륙 지방이나 교외에서 대도시로 흘러들어온다. 톈허의 시가 많은 독자들에게 사랑을 받는 이유가 여기에 있다. 몇 억 단위의 도시 이주민들이 고향을 떠올리며 톈허의 시를 읽는다. 그들은 톈허의 시에 공감하고 감동하며 위안을 받는다.

톈허는 일관되게 고향을 창작의 원천으로 삼아 지금까지 총 11권의 시집을 내놓았다. 이번 시집에는 『고향을 부르다』 『들판의 해바라기』 『집에 가는 길』 세 권의 시집에서 선정해 엮었다. 시집 수록작 외에 『시가월간(詩歌月刊)』에 발표한 작품 두 편도 함께 수록했다. 톈허가 직접 선별을 했다.

이 시집의 한국어 번역은 톈허 시인의 요청에 의해 일본어 번역서(『톈허 시선집—고향을 향해』, 2012년 시초사(思潮社) 간, 다케우치 신(竹內新) 일역)를 한국어로 중역했다. 그동안 일본시를 주로 번역 소개해 왔으나 이 시집의 번역을 통해 중국시의 진수와 접할 기회를 가졌다는 점이 무엇보다도 기쁘다.

세상에는 수많은 '향토'와 그곳에 흐르는 유구한 역사가 있다. 그것들이 존재하는 한 톈허의 시는 앞으로도 많은 사람들에게 읽혀질 것이다. 이번 한국어 번역 출간을 통해 한국의 독자들에게도 널리 사랑받기를 바라는 마음이다.

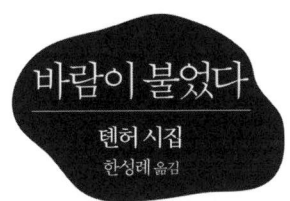

**옮긴이 한성례** : 1955년 전북 정읍 출생. 세종대학교 일문과와 동 대학 정책과학대학원 국제지역학과 일본전공 석사 졸업. 1986년『시와 의식』신인상으로 등단했으며, 한국어 시집『실험실의 미인』, 일본어 시집『감색치마폭의 하늘은』『빛의 드라마』등이 있고, '허난설헌문학상'과 일본에서 '시토소조상'을 수상했다.『세계가 만일 100명의 마을이라면』『1리터의 눈물』『달에 울다』『파도를 기다리다』등 다수의 소설과 인문서, 에세이집을 번역했고, 하이쿠시집『겨울의 달』, 시집『7개의 밤의 메모』『우리별을 먹자』『돌의 기억』『골짜기의 백합』등 일본 시인의 시집을 한국어로, 정호승, 김기택, 박주택, 안도현 등 한국시인의 시집을 일본어로 번역하는 등 한일 간에서 다수의 시집을 번역했다. 현재 세종사이버대학교 겸임교수.

초판 인쇄 2014년 12월 10일
초판 발행 2014년 12월 15일

지은이 _ 텐허
옮긴이 _ 한성례
펴낸이 _ 이선희
펴낸곳 _ 한국문연

서울 서대문구 북가좌동 324-1 동화빌라 202호
출판등록 1988년 3월 3일 제3-188호
대표전화 302-2717 | 팩스6442-6053
디지털 현대시 www.koreapoem.co.kr
이메일 koreapoem@hanmail.net
ⓒ 한국문연 2014
ISBN 978-89-6104-144-7 03810

값10,000원

* 잘못된 책은 바꾸어 드립니다.
이 도서의 국립중앙도서관 출판시도서목록(CIP)은 서지정보유통지원시스템 홈페이지(http://seoji.nl.go.kr)와 국가자료공동목록시스템(http://www.nl.go.kr/kolisnet)에서 이용하실 수 있습니다.(CIP제어번호 2014034861)